BERLIN
Essen & Trinken | Kultur | Hotels | Mode | Lifestyle

Chester Garfield | Nadine Zilliges

BERLIN
Essen & Trinken | Kultur | Hotels | Mode | Lifestyle

edition**snowfish**

Kunst & Kultur

Astor Film Lounge	12
Max Schlundt	14
Fasanen 37 Bar & Galerie	16
Musikhaus Rauth	18
cantus 139	20
Fritz Musictours Berlin	22
Berlin mit Stil	24
Jazzclub Schlot	26
Krøhan Bress	28
Plattenschneider	30
Samuel's Dance Hall	32
Abathon Knigge & Karriere	34
Boxen Gross	36
Ton Art Klassik-CD	38

Hotels

Hotel Villa Kastania	42
Hotel Bogota	44
Hotel-Pension Funk	46
Hotel Domicil	48
Hotel Otto	50
Hotel Hackescher Markt	52
Hotel Alexander Plaza	54
Lux 11 Berlin-Mitte	56
Melarose Feng Shui Hotel	58
Gästehaus Euroflat	60
Hotel Die Fabrik	62

Essen & Trinken

Pikilia	66
Villa Borbone	68
Der Hofladen	70
Conditorei Jebens	72
Fleischerei Bünger	74
La cave de Bacchus	76
Rachels Genusswelten	78
Markt pur	80
King's Teagarden	82
Bier's Kudamm 195	84
Marjellchen	86
Pesto Dealer Berlin	88
Weinhandlung Cava	90
Enoteca L'Angolino	92
Ottenthal	94
Café Grüne Lampe	96
Finest Whisky	98
Café Berio	100
Buchwald Konditorei & Café	102
Paris – Moskau	104
Maxwell	106
pro macchina da caffé	108
Absinth-Depot	110
Kaffeehaus Brandauer	112
Kauf Dich glücklich	114
Cape Town	116
Entrecôte	118
Suppengrün	120
Henne Alt-Berliner Wirtshaus	122
Restaurant & Café Jolesch	124
Wirtshaus Zum Mitterhofer	126
Le Cochon Bourgeois	128
SAKE KONTOR	130
Chili Inn	132
FISHERMAN'S Restaurant	134
Weinstube Reblaus	136
Hermanns Einkehr	138
Café Lehmsofa	140
Gasthaus „Zur Linde"	142
Florida Eiscafé	144

Mode

Niepagen & Schröder	148
Champ MannMode	150
Reizschmiede	152
Ono Koon	154
Cut For You	156
14 oz.	158
SANCTUM	160
CORINO COXXXANO	162
CORINO for men	164
hà duong	166
Glücklich am Park	168
VINCENTE am Gendarmenmarkt	170
Edsor Kronen	172
Hemdenmanufaktur Berlin	174

Lifestyle

Elias – Der Coiffeur	178
The English Scent	180
brillant Augenoptik	182
First Club Berlin	184
Zeitlos	186
BY OLIVER KUHLMAY	188
Lichthaus Mösch	192
CITY-KÜCHEN	194
Carwash	196
Lichtraeume	198
Exclusiv-Yachtcharter Schifffahrtsgesellschaft	200
brillant Mitte	202
Flower and Art	204
Glanzstücke	206
Brillenwerkstatt	208
Classic Tattoo Berlin	210
kunstschule	212
Equipage	214
tranxx – schwebebad & massagewelt	216
Wüstefeld	218
SHOPISTICATED	220
Squash-House	222
Der Bananenbauer	224
MyPlace-SelfStorage	226
Register	228
Impressum	239

vorwort

Sexy, arm und quicklebendig – die Stadt, die niemals fertig wird...

Erzählt man irgendwo in der Welt, man komme aus Berlin, beginnen die Augen der Zuhörer zu leuchten. Die Stadt hat einen Ruf wie Donnerhall, sie ist angesagt und hip und gilt als Hauptstadt der Kreativen. Gerade in den letzten Jahren hat Berlin einen Hype erfahren, der einzigartig sein dürfte. Touristen, mehr denn je, drängen sich an den Sehenswürdigkeiten, in den Museen, auf dem Kiez.

Auf den Boulevards wird schon fast soviel englisch, italienisch und spanisch gesprochen wie deutsch, in manchen Vierteln auch türkisch, die Atmosphäre ist international.

Für Künstler und schöpferisch Tätige jedweder Couleur entfaltet Berlin eine regelrechte Sogwirkung. Wer ungewöhnliche Ideen, auch Geschäftsideen hat, kann sie am besten vielleicht in Berlin verwirklichen. Die Vielfalt ist enorm und nur mit wenigen anderen Städten auf der Welt vergleichbar, die Dynamik ebenso.

Diese Entwicklung, die sich immer mehr beschleunigt, hat Gründe. Einer davon ist, dass Berlin, 65 Jahre nach Kriegsende und zwanzig Jahre nach der Wiedervereinigung, immer noch etwas Provisorisches, Unfertiges und ganz und gar nichts Saturiertes hat. Die Stadt besitzt einen eher derben, zupackenden Charme und erschließt sich nicht jedem. Berlin ist keine Liebe auf den ersten Blick.

Diese Sprödigkeit eröffnet jedoch unzählige Nischen und bedeutet letztendlich auch eine Art von Freiheit, die man andernorts vergeblich sucht. Während Weltstädte wie Paris, Rom oder London ihre gewachsene Identität seit Jahrhunderten unerschütterlich behaupten, hat sich Berlin allein im vergangenen Jahrhundert mehrmals neu erfunden – und ist gerade dabei, dies ein weiteres Mal zu tun.

Die lebenslustige, freigeistige Metropole der Zwanziger Jahre wandelte sich zur auch geistig eng geschnürten Reichshauptstadt, von der nur eine Trümmerwüste – die auch noch geteilt war – übrig blieb. Die beiden Stadthälften, die politisch, gesellschaftlich und ideologisch streng voneinander geschieden waren, entwickelten sich in ganz verschiedene Richtungen. Auf jeden Fall sehr weit auseinander. Als die Mauer 1989 fiel, gehörte keineswegs zusammen, was auf einmal miteinander klarkommen musste. Das ist bis heute spürbar und wird es auch noch lange sein.

Geht man in die etwas weiter östlich gelegenen Bezirke, ist dies für den westlich sozialisierten Besucher immer noch eine gänzlich andere, fremde Welt. Mitunter ist es ein Schock. Umgekehrt wird ebenfalls ein Schuh daraus: In Charlottenburg und Zehlendorf etwa hat sich seit Jahrzehnten nichts groß verändert, alles geht seinen althergebrachten Gang. Orte wie das Dahlemer „Roseneck" wirken wie ein Freilichtmuseum der Fünfziger Jahre, in dem das alte westliche Berlin konserviert ist. Ethnisch weitgehend homogene Viertel wie Neukölln und Teile von Kreuzberg indes findet man in jeder wirklichen Großstadt. Das gehört wohl einfach dazu, ist aber in Berlin – wie alles andere – besonders ausgeprägt und bereitet auch große Probleme. Ganz Deutschland diskutiert seit langem schon darüber.

vorwort

In der Mitte Berlins hingegen – worunter nicht nur der verwaltungstechnische Bezirk Mitte zu verstehen ist, sondern auch Prenzlauer Berg sowie Teile von Tempelhof, Kreuzberg und Friedrichshain, seit neuestem auch von Wedding – vermischt sich alles. Da ist es denn auch am interes-

santesten, zum Wohnen, Arbeiten, Einkaufen und Ausgehen. Der Vorgang ist recht gut mit der Plattentektonik vergleichbar: Da schieben sich die Kontinente über- und untereinander, was die Auffaltung von Gebirgen, Erdbeben und Vulkanausbrüche zur Folge hat. Im Kleinen findet man das auch hier, es geht nur alles viel schneller. Eine positive Energie liegt in der Luft, die sich in ständigen kreativen Entladungen allerorten bemerkbar macht.

Das können kleine Läden sein, die offerieren, was kein anderer bietet, Restaurants, die sich auf bestimmte, mitunter exotische Speisen und Zubereitungen speziali-

siert, und Galerien, die sich einer vielleicht ganz abstrusen Kunstrichtung verschrieben haben. Modegeschäfte, in denen die Inhaberin selbst entwirft und näht, Bars, in denen die Einrichtung vom ersten Tag an Kultcharakter besitzt. Und natürlich Werbeagenturen, Filmproduktionen, Manufakturen und Ateliers, Kreativarbeiter zuhauf – oft und gerne im Hinterhof, wo es ruhiger und vielleicht auch billiger ist. Jeder sucht seine kleine Ecke, seinen Freiraum, worin er überleben kann. Oft sind solcherlei Unternehmungen von Selbstausbeutung geprägt in der Hoffnung, eines Tages möge er kommen, der große Erfolg, und natürlich arbeitet man selbstbestimmt, man ist sein eigener Chef. Dies ist – auch als Energiespender und Motivationsmotor – nicht zu unterschätzen.

Das Schöne daran ist, dass sich zwischen diesen Einzelkämpfern und Minifirmen oft filigran gewirkte Netzwerke entwickeln, die szeneübergreifend funktionieren und ihre Form und Zusammensetzung ständig wechseln. Es sind unzählige Parallelgesellschaften, die gleichwohl miteinander kommunizieren und einander befruchten. Berlin, in dieser Vielfalt, ist eine ausgesprochen junge, lebendige Stadt. Alles andere als ein Moloch, auch wenn dies Besucher aus der überschaubaren und gediegenen Provinz mitunter so empfinden. Jedenfalls gilt: Wer es hier schafft, der schafft es überall.

Nicht alles ist von Dauer, natürlich nicht, aber dies ist auch gerade das Reizvolle daran, dass morgen in einem heute vernagelten Restaurant ein neues wie ein Phönix aus der Asche entsteht – bis auch es wiederum einem anderen Platz machen muss. Vormals angesagte Clubs existieren plötzlich nicht mehr oder machen andernorts neu auf. Wo gestern gähnende Leere herrschte, stehen die Menschen heute Schlange – und umgekehrt. Diesen nicht planbaren Kreislauf aus Werden und Vergehen nennt man wohl das Leben selbst. Das hat sich herumgesprochen. Mit „Billigfliegern"

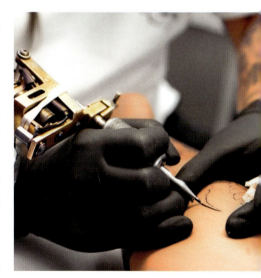

kommen Jugendliche aus ganz Europa übers Wochenende, um in Berlin Party zu feiern. Dies bringt mitunter Nebenwirkungen mit sich. Rund um die Oranienburger Straße etwa, kann man inzwischen kaum noch wohnen; ist es recht laut geworden Überdies hat sich hier ein Straßenstrich entwickelt, der als der einnahmeträchtigste des Kontinents gilt.

Das Gegenteil sind, zum Beispiel, höchst elegante Filmpremieren mit rotem Teppich und internationalen Stars im Sony Center am Potsdamer Platz, wovon anderntags in der Boulevardpresse zu lesen ist. Es sind hochkarätige Events in exklusiven Clubs, zu denen Normalbürger keinen Zugang besitzen, sowie die

vorwort

etablierte Kulturszene von weltweitem Ruf: Staatsoper, Philharmonie, Museumsinsel, um nur die drei bekanntesten Institutionen herauszugreifen, neben denen es noch viele, viele andere gibt.

Ein Besucher, der sich nur diesem Segment widmete, bräuchte Monate, um sich einen auch nur halbwegs genauen Überblick zu verschaffen, so reichhaltig

ist das Angebot. Hier werden Trends und Standards gesetzt. Und von der alternativen Kulturszene, die so vielfältig ist kaum irgendwo sonst, war noch gar nicht die Rede. Auch nur einen kleinen Teil des Angebots wahrzunehmen, ist eine kaum zu bewältigende Aufgabe, auch für Einheimische. Berlin ist, selbstverständlich, Deutschlands Kulturhauptstadt.

Und die Macht ist hier zuhause. Sie setzt ihre Zeichen. Dass Berlin Sitz der Bundesregierung ist, zeigt sich nicht nur darin, dass Magistralen wie die „Straße des 17. Juni" oft viertelstundenlang für die Passage von Staatsbesuchern gesperrt werden, was regelmäßig ein Verkehrschaos zur Folge hat, sondern auch in seinem architektonischen Erscheinungsbild. Das wiedervereinigte Deutschland hat sich mit dem höchst imposanten Regierungsviertel sein eigenes Denkmal geschaffen und manifestiert sich damit auch materiell eindrücklich als Hauptstadt. Ohne ausgiebiges Warten in der langen Menschenschlange kommt kein

Besucher in den Reichstag – es sei denn, er hat im Dachrestaurant „Käfer" einen Platz reserviert (kleiner Geheimtipp...).

Ein weiterer Grund für die anhaltende Attraktivität Berlins auf Kreative ist die Tatsache, dass das Leben hier vergleichsweise günstig ist. Nun spielen Megacitys wie New York, Tokio, Paris oder London schon von der schieren Größe her in einer anderen Liga (Berlin hat gerade einmal 3,4 Millionen Einwohner), und Berlin wirklich eine Weltstadt zu nennen verbietet sich bei aller Sympathie denn doch. Berlins Anziehungskraft ist von anderer Art. Es ist das Chaotische, Lebendige, Rohe und Verquere, das nicht Gelackte und im Werden Begriffene, das rund um die Uhr Vibrierende und

immerzu Überraschende, dem man in dieser Stadt begegnet, sofern man sich nicht auf die bekannten Touristenattraktionen beschränkt, sondern auf Entdeckungsreise geht.

Einiges davon ist in diesem Buch zu finden. Es ist eine höchst subjektive und keineswegs vollständige Auswahl von sehr empfehlenswerten Locations aus den Bereichen Kultur, Essen und Trinken, Mode und Lifestyle, die einen guten Eindruck der Vielfalt vermitteln, die in dieser Stadt zu finden ist. Einiges ist etabliert und altbekannt, anderes ganz neu, vieles schräg und manches schrill. Das Wenigste steht auch in einem „normalen" Reiseführer. Von einigen Örtlichkeiten wussten selbst wir vor Beginn der Recherche noch gar nicht, dass es sie gibt.

Es ist ein Kompendium sowohl für Besucher als auch für Einheimische, die ja gar nicht die Zeit für so extensive Erkundungen besitzen, wie wir sie betrieben haben. Erstes und entscheidendes Kriterium für die Aufnahme war die Qualität, die geboten wird, da gab es keinen Kompromiss. Weiterhin die Originalität, und zum Dritten das Herzblut, mit dem jede dieser Unternehmungen betrieben wird – sei es seit über hundert Jahren schon wie bei einigen der traditionellen Familienbetriebe, oder mit dem Elan des jungen, ideenreichen Firmengründers, von denen ebenfalls einige vertreten sind. Jedenfalls ist hier eine so breite Palette an Geschäften, Dienstleistungen, Restaurants und kulturellen Angeboten aufgefächert, dass man damit ganz gut durch Berlin kommt, egal was man vorhat.

Dass Berlin arm, aber sexy sei – darin ist dem Regierenden Bürgermeister Klaus Wowereit, der damit ein geflügeltes Wort schuf, nur zuzustimmen. Wer hier wohnt, erlebt es täglich, das wunderbare Chaos Berlin.

kultur

Astor Film Lounge

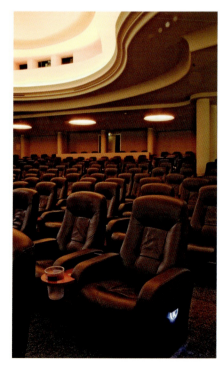

Dies ist ein Kino wie kein anderes. Es ist – das kann man ohne Übertreibung sagen – das schönste und komfortabelste Kino in Deutschland, der Prototyp eines neuen Premium-Konzepts, das seit Jahren überfällig war. Das festliche Wort „Filmtheater" bekommt endlich wieder einen Sinn, Kino wird aufs Neue zum kulturellen Ereignis.

Das war es ja schon lange nicht mehr. Die großen Multiplexe mit ihren Dutzenden von Vorführsälen unter einem Dach sind anonyme, automatisierte Massenbetriebe, denen der Verkauf von Cola und Popcorn wichtiger zu sein scheint als der Film (wie oft muss man nach Filmbeginn den Ton nachregeln lassen!) und häufig nur Leinwände in einer Größe bieten, die eher dem heimischen Wohnzimmer angemessen wären als dem – im besten Fall – unvergesslichen Erlebnis, das dem Kino als Medium doch innewohnt. Die Betreiber der vielen Alternativkinos, die es in Berlin gibt, legen zwar hohes Engagement an den Tag, wenn es ums Programm geht, doch macht der Besuch meist wenig Freude, da die technische Ausstattung oft unzulänglich und die Bestuhlung unbequem ist.

Die „Astor Film Lounge" ist eine völlig andere Welt. Ein uniformierter Doorman hält die Tür auf, auf Wunsch kann man sein Auto parken lassen, eine Garderobe gibt es und ein Glas Prosecco zur Begrüßung. Aus den bequemen

Ledersitzen mag man gar nicht mehr aufstehen, die Füße ruhen auf Hockern, der Abstand zum Vordermann ist überaus großzügig. Vor Filmbeginn kann man Wein, Cocktails und Fingerfood ordern (zum Glück jedoch kein Popcorn, dessen Knackgeräusch beim Genuss des Filmes stören könnte!). Im Flugzeug wäre dies eindeutig „First Class" für alle.

Die Leinwand ist riesengroß, die Tonanlage mit 6000 Watt ungemein leistungsstark, die digitale Projektion gestochen scharf – man glaubt es kaum, dass so ein Glück noch möglich ist.

Verantwortlich dafür ist der Betreiber Hans-Joachim Flebbe, der – nachdem er eine Gruppe von Multiplexen jahrelang geleitet hatte – nichts weniger als das ideale Kino, das Kino der Zukunft schaffen wollte. Dies ist ihm zweifellos gelungen. Mit großem Aufwand wurde der historische, denkmalgeschützte Kinosaal renoviert, das Ambiente weitgehend erhalten. Im Foyer informiert eine dauerhaft installierte Fotoausstellung über die Berliner Kinoszene der Nachkriegszeit.

Das Programm orientiert sich vorzugsweise am gehobenen, internationalen Mainstream, in Früh- oder Spätvorstellungen werden auch Filme gezeigt, die anspruchsvoller Filmkunst zuzurechnen sind. Aber es ist schon fast egal, welcher Film hier läuft: Hier ist das Kinogehen endlich wieder ein ungetrübter Genuss.

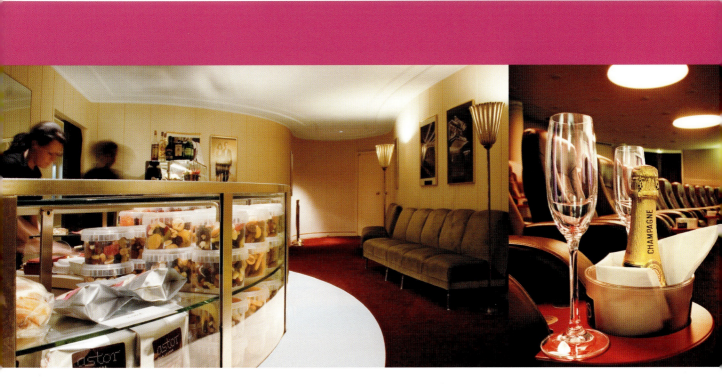

Adresse:	Astor Film Lounge	Telefon:	030 / 88 38 55 51
	Kurfürstendamm 225	Internet:	www.astor-filmlounge.de
	10719 Berlin		

Max Schlundt Kultur Technik

Ohne die Hifi-Geräte, sagt Max Schlundt, gäbe es für uns keinen Beethoven, keine Beatles, keine Edith Piaf und keinen Miles Davis. Er selbst hört gerne Weltmusik und Jazz, bereits in jungen Jahren ging sein Ehrgeiz dahin, Musik in der bestmöglichen Wiedergabequalität zu genießen. Der Weg in die High-End-Szene war nur folgerichtig. Heute besitzt Max Schlundt eines der besten und empfehlenswertesten Audio-Studios in Berlin.

Das stilwerk in der Kantstraße ist für ihn der ideale Ort, auch solche Menschen für anspruchsvolles Musikhören zu begeistern, die nicht dem mitunter sektiererischen Kreis der harten High-Ender angehören. Hier schlendert man, lässt sich inspirieren zu einer höchst individuellen Wohnkultur, deren selbstverständlicher Bestandteil eben auch Musik ist. Nicht wenige von Max Schlundts Kunden sagen, nachdem sie in den Genuss einer Vorführung bei ihm gekommen sind, so hätten sie Musik noch nie gehört. Sie sind erstaunt und begeistert, für viele ist es ein Schlüsselerlebnis. Grundgedanke ist es schließlich, Musik so zu hören, wie sie aufgenommen wurde.

Das erlebt jeder anders. Für Max Schlundt ist es wichtig, herauszufinden, wie ein Kunde Musik hört. Dies ist mit ausgiebigem Probehören verbunden. So nähert man sich langsam der idealen Anlage an, ob sie nun zwei- oder zweihunderttausend Euro kostet. Entscheidend ist, dass alle Komponenten ideal zusammenpassen und dem Hörer das authentische Gefühl vermitteln, er säße mitten im Aufnahmestudio oder Konzertsaal. Technik wird zum integralen Bestandteil von Kultur. „Einfach gut hören" ist nicht umsonst der doppelsinnige Wahlspruch des ebenso sympathischen wie eloquenten Hifi-Enthusiasten.

Max Schlundt arbeitet nicht mit Massenproduzenten, sondern mit ausgesuchten Herstellern, die oft Manufakturcharakter besitzen, aber dennoch in der Lage sind, jahrelange Nachhaltigkeit zu garantieren. Weltweit führend bei aktiven Lautsprechersystemen ist zum Beispiel die Berliner Firma „Adam Audio", digitale Bausteine wie CD-Player, Verstärker und das Serversystem „Sooloos" kommen von „Meridian" aus England, exklusiv in Berlin findet man die französischen Lautsprecher von „Focal" oder die legendären Elektrostaten von „Quad" – um nur einige Anbieter zu nennen. Welche Zusammenstellung letztendlich die persönlich beste Wahl ist, dies herauszufinden ist ein Vergnügen, bei dem Max Schlundt gern behilflich ist.

Adresse:	Max Schlundt – Kultur Technik	Telefon:	0 30 / 31 51 53 40
	Kantstraße 17 (im stilwerk)	Internet:	www.maxschlundt.de
	10623 Berlin	Mail:	info@maxschlundt.de

Fasanen 37 Bar & Galerie

Eine gute, klassische Bar ist gar nicht so einfach zu finden. Sie zeichnet sich durch Getränke allerbester Qualität aus, ein angenehmes Ambiente und einen niedrigen Musikpegel, so dass man sich auch unterhalten kann. Fühlt man sich unter Seinesgleichen, kann eine solche Bar durchaus zur Heimat werden.

Für Udo Walz – den Starfriseur, der nicht nur in der Hauptstadt eine allseits prominente Rolle spielt – könnte dies der Grund gewesen sein, sich eine eigene Bar zuzulegen. Nicht irgendeine Bar natürlich, eine Bar mit Geschichte musste es schon sein.

Die „Galerie Bremer" in der vornehmen Fasanenstraße war 1955 die erste Kunstgalerie, die nach dem Krieg in Berlin eröffnet wurde. Im Hinterzimmer – durch einen Vorhang abgetrennt – amüsierte sich die Hauptstadtprominenz: Willy Brandt und Walter Scheel waren darunter, Romy Schneider, Hildegard Knef und nicht zuletzt der junge Udo Walz. Der Architekt Hans Scharoun, dessen wohl bekanntestes Bauwerk die Berliner Philharmonie ist, hatte die Inneneinrichtung entworfen, hinter dem Tresen stand der legendäre Barkeeper Rudi van Laack. So ging das jahrzehntelang.

Schon immer besaß Udo Walz eine Affinität zur künstlerischen Fotografie. Wenn Starfotografen wie Richard Newton, Richard Avedon oder F.C. Gundlach in Berlin ihre Sessions abhielten, machte er den Models die Haare. Sein Traum war es, eine Bar zu besitzen, in der auch Fotos, vor allem Schwarzweiß-Fotos, ausgestellt würden.

Diesen Traum hat er sich erfüllt. Carsten Thamm – der Lebensgefährte von Udo Walz – hat einen sehr stimmungsvollen Raum mit indirekter, rosafarbener Beleuchtung, silbrig glänzenden Hockern und weißen Ledersofas ent-

fasanen 37 bar & galerie

worfen, der auf den ersten Blick als die moderne, zeitgemäße Interpretation einer klassischen Bar überzeugt. Es darf sogar, ganz offiziell, geraucht werden. Die Fotoausstellungen an den Wänden – oft mit erotischen Untertönen – wechseln alle sechs Wochen, meist sind es junge Künstler, die sich hier einen ersten Namen schaffen, mitunter auch bekannte Meister ihres Fachs.

Barchef ist Stefan Oberhollenzer, der souverän dafür sorgt, dass die Drinks so sind, wie sie sein sollen, nämlich erstklassig – vom originalen Bellini (Püree vom weißen Pfirsich, Zitronensaft, Champagner) über Rumcocktails und Sours bis zu den Martinis, die hier gerührt und nicht geschüttelt werden. Richtig los geht es am späten Abend, vor allem am Wochenende versammeln sich regelmäßig zwei-, dreihundert Leute, von denen man viele aus Film und Fernsehen kennt, und lassen es sich gut gehen.

Adresse:	Fasanen 37 Bar & Galerie	**Telefon:**	030 / 88 92 92 03	**Öffnungszeiten:**	Mo. geschlossen
	Fasanenstraße 37	**Telefax:**	030 / 88 92 92 04		Di. bis Do. 19 – 1 h
	10719 Berlin				Fr. und Sa. 19 – 2 h
					So. 19 – 1 h

Musikhaus Rauth

Spielt man ein Instrument, ist dessen spezifischer Klang von entscheidender Bedeutung. Auch wenn für den Laien die meisten Geigen und Gitarren auf den ersten Blick ziemlich gleich aussehen mögen, so liegen doch mitunter Welten zwischen ihnen – nicht nur, was den Preis betrifft. Ob Kauf oder Miete – hier braucht es ausführliche, kompetente Beratung. André und Natalia Rauth haben sich mit ihrem „Fachgeschäft für Streich- und Zupfinstrumente" auf diese exklusive Nische spezialisiert. Sie sind beide große Liebhaber der klassischen Musik, spielen selbst mehrere Instrumente und vermögen jedem, der sich dafür interessiert, diese ganz eigene Welt ebenso kenntnisreich wie spannend nahezubringen.

Von den Streichern führen sie die ganze Palette von der Kindergeige über Bratschen und Celli bis zum Kontrabass. Doch nicht nur neu angefertigte Instrumente sind hier zu finden, sondern auch antike Exemplare, die zum Teil über 200 Jahre alt sind. André und Natalia Rauth erwerben solche kostbaren Stücke meist auf Auktionen oder von Antiquitätenhändlern. Viele Musiker bevorzugen alte Instrumente wegen ihres unnachahmlichen Klangs, jedes besitzt seinen ganz eigenen Charakter. Italienische Geigen etwa besitzen meist einen hellen, leichten Klang, während deutschen ein eher dunkles Timbre eigen ist. Es ist faszinierend, diese subtilen Charakteristika herauszufinden, selbstverständlich kann jedes Instrument einige Tage lang probegespielt werden. Erst wenn man es in einem wirklich großen Saal gehört hat, kann man es richtig beurteilen, dann erst entfaltet sich die ganze Vielschichtigkeit des Klangs.

Einen kaum weniger breiten Raum nehmen Zupfinstrumente ein. Neben Gitarren findet man Mandolinen, Zithern und Lauten, für Anfänger wie für Fortgeschrittene. Generell werden nur Instrumente verkauft, die in Europa hergestellt wurden. Billigimporte aus Asien wird man hier nicht finden.

Besonders stolz sind André und Natalie Rauth auf die Vielzahl von Saiten, die sie anbieten. Kein anderes Geschäft in Berlin kann hiermit konkurrieren. Meist werden die Saiten aufgezogen, während der Kunde darauf wartet. Selbstredend, dass auch Zubehörteile wie Schulterstützen, Kinnhalter und Dämpfer, Metronome und Stimmgabeln in reicher Auswahl vorhanden sind.

Nicht zuletzt: Wer sich in aller Ruhe mit einem Instrument vertraut machen will, kann es auch mieten, bevor er es (vielleicht) kauft. Eine solche Anschaffung ist ja oft eine fürs Leben.

Adresse:	Musikhaus Rauth	Telefon:	030 / 312 98 82
	Krumme Straße 51	Telefax:	030 / 313 67 43
	10627 Berlin	Mail:	andrerauth@aol.com

cantus 139

Cantus heißt auf deutsch Gesang, es ist der sinnfällige Name einer der wenigen Musikalienhandlungen, die es in Berlin noch gibt. Musikalien wiederum sind nichts anderes als gedruckte Noten, die unverzichtbare Vorlage für alle, die sich ernsthaft mit Musik beschäftigen: Ohne Partituren gäbe es keine Wiedergabe komponierter Musik, sie sind die Arbeitsmaterialien von Klavier- und Geigenschülern ebenso wie von Orchestermusikern, Sängern, Dirigenten und Musikwissenschaftlern.

Regina Steinhäusser, die das Geschäft mit großem Engagement seit über zehn Jahren betreibt, kann praktisch jede auf dem Markt befindliche Partitur besorgen, und zwar nicht nur Klassik, sondern ebenso Jazz, Pop und Filmmusik. Ein hoher Rechercheaufwand ist dies oft, vor allem ein enormes Wissen gehört dazu, über das die gelernte Musikalien- und Buchhändlerin, die ihren Beruf seit vierzig Jahren mit nie nachlassender Begeisterung ausübt, überreich verfügt. Auch privat ist sie eine leidenschaftliche Musikliebhaberin, sie geht ins Konzert und in die Oper, zu Hause hört sie vor allem Klassik und Jazz.

Zugleich ist „cantus 139" eine Musikbuchhandlung, die eine Vielzahl jener Bücher führt, die sich auch nur im Entferntesten auf seriöse Weise mit Musik beschäftigen. Kein Vollsortiment, auch nicht das allergrößte Buchkaufhaus kann hiermit konkurrieren. Ein Großteil dieser Titel erscheint in renommierten, angelsächsischen Universitätsverlagen, jenen von Oxford, Cambridge, Yale und Harvard. Vor allem von ihnen erhält „cantus 139" automatisch jede Neuerscheinung zugesandt. Auch für Musikliebhaber, die sich nicht professionell mit Musik beschäftigen, lohnt sich eine kleine

Stöberstunde unbedingt, zumal Regina Steinhäusser neben dem regulären Angebot ein attraktives Modernes Antiquariat betreibt, in dem sich so manch vergriffener Titel finden lässt.

Es ist dennoch eine hoch spezialisierte Nische, in der sich „cantus 139" eingerichtet hat. Die Menschen beschränken sich eben meist aufs Hören von Musik und lesen nur in Ausnahmefällen auch die Bücher und Noten dazu. Ohne Stammkunden wie die Philharmonie und die verschiedenen Opernhäuser, die Musikhochschulen und Radiosender könnte eine Musikalienhandlung heute wahrscheinlich nicht mehr überleben. Nicht weniger als ein bedeutendes Orchester ist auch ein Geschäft wie „cantus 139" ein unverzichtbarer Bestandteil der europäischen Musiktradition.

Adresse:	cantus 139	Telefon:	0 30 / 31 10 23 61	Internet:	www.cantus139.de
	Kantstraße 139	Telefax:	0 30 / 31 10 23 63	Mail:	info@cantus139.de
	10623 Berlin				

Fritz Musictours Berlin

Dass Berlin nicht nur Hauptstadt, sondern auch Musikhauptstadt ist, dürfte so bekannt nicht sein. Nein, die Rede ist nicht von den weltberühmten Philharmonikern und Simon Rattle, auch nicht der Staatsoper mit ihrem Dirigenten Daniel Barenboim, sondern von der extrem vielfältigen aktuellen Clubszene und Popgrößen wie David Bowie, Iggy Pop und U2, auch Nina Hagen, Depeche Mode und Nick Cave. Sie alle haben nämlich zum Teil längere Zeit hier gewohnt und Platten aufgenommen, in den Hansa Tonstudios unweit des Potsdamer Platzes zumeist. Auch R.E.M., Green Day und The Hives nehmen aktuell dort auf.

Thilo Schmied kennt sich in diesem Metier aus wie kein zweiter. Er veranstaltet Stadtrundfahrten der etwas anderen Art: „Fritz Musictours Berlin". Sie beginnen am Brandenburger Tor, auf dessen Westseite früher Konzerte von Künstlern wie Pink Floyd oder Michael Jackson stattfanden und mitunter Lautsprecherboxen in Richtung DDR gedreht wurden, damit die Tausende von Fans, die sich auf der Ostseite der Mauer versammelt hatten, zumindest akustisch etwas von den Shows mitbekamen.

Der Bus fährt dann durch die ganze Stadt, über Prenzlauer Berg in die Speicherstadt am Osthafen, wo sich das Hauptquartier der größten deutschen Plattenfirma Universal sowie die MTV Studios befinden, hinüber nach Kreuzberg, wo mit dem SO 36 ein legendärer Club beheimatet ist, dann über Schöneberg, wo – in der Hauptstraße 155, 1.Stock – David Bowie wohnte, zurück nach Tiergarten, wo viele Jahre lang jeden Sommer die Love Parade stattfand. Viele der erfolgreichsten deutschen Bands kommen aus Berlin: Die Ärzte, Rammstein,

Seeed und Wir sind Helden etwa. Auch über sie erfährt man viel während der Bustour.

Zweieinhalb kurzweilige Stunden lang erzählt Thilo Schmied, über Monitor werden historische Filmaufnahmen abgespielt, von bekannten Veteranen des Musikgewerbes sind ebenso amüsante wie spannende Anekdoten zu hören. Am Ende hat der Besucher tatsächlich einen guten Eindruck der Berliner Musikszene über vier Jahrzehnte hinweg gewonnen, er weiß, welche Clubs aktuell für welche Musikrichtung zu empfehlen sind und welche Konzerte in den nächsten Tagen stattfinden.

Zusätzlich zu den Bustouren gibt es musikalische Führungen zu Fuß durch verschiedene Stadtteile und exklusive Touren durch die Hansa Tonstudios. Thilo Schmied ist ein idealer, ungemein eloquenter Stadtführer für Leute, die sich für populäre Musik im Spannungsfeld zwischen Punk, Pop und Rock interessieren. Bei Bedarf führt er die Touren auch auf Englisch durch.

Adresse:	Fritz Musictours Berlin Unter den Linden 77 (vor dem Hotel Adlon) 10117 Berlin	Telefon:	030 / 30 87 56 33	Internet:	www.musictours-berlin.de
		Telefax:	030 / 30 87 56 34	Mail:	info@musictours-berlin.de

Anmeldung für alle Touren ist erforderlich!

Berlin mit Stil

Etwa 17 Millionen Übernachtungen verzeichnet Berlin pro Jahr, Touristen bleiben im Durchschnitt 2,3 Tage. Da bleibt kaum Zeit, auch nur die wichtigsten Punkte kennenzulernen, geschweige denn, ein Gefühl für die Stadt zu entwickeln, für das Berlin jenseits von Brandenburger Tor, Regierungsviertel, Gendarmenmarkt und Hackeschen Höfen.

Umso wichtiger ist es, sich einer wirklich kompetenten Führung anzuvertrauen, die dem Berlin-Novizen all das zeigt und erklärt, was ihm persönlich wichtig ist. Die ihm einen anderen Blick auf die Stadt eröffnet. Die großen Veranstalter mit ihren Reisebussen und Doppeldeckern spulen nur das Standardprogramm ab, bei den individuellen Führern fällt die Auswahl schwer, denn das Angebot ist riesig.

Glück hat, wer an Rita Krauß gerät. Sie ist am Kudamm geboren, studierte Kunsthistorikerin und seit jeher von einer Leidenschaft für Berlin erfüllt. Schon als Kind sammelte sie alte Fotografien von Berlin, während des Studiums arbeitete sie in einer Galerie für gegenständliche Malerei mit Schwerpunkt Berlin, ihre Magisterarbeit schrieb sie über die Berliner Kunstszene.

Es war nur folgerichtig, dass sie ihr Wissen und ihre Neigung zum Beruf machte. 2005 absolvierte sie die anspruchsvolle Prüfung für Gästeführer bei der Industrie- und Handelskammer (was beileibe nicht jeder Stadtführer vorweisen kann), ihr Angebot nennt sie wohlbedacht „Berlin mit Stil".

Der Anspruch, den sie damit unterstreicht, unterscheidet sie von vornherein deutlich von den Massenführungen, die das Gros der Touristen bucht. Sie geht wirklich auf die mitunter sehr speziellen Interessen ihrer Kunden ein, arbeitet individuelle Touren aus und hält sich mit Akribie auf dem Laufenden. So weiß sie immer, was in ihrer Stadt passiert und kann es weitergeben. Zudem hat sie all die Umbrüche und Verwerfungen, denen Berlin in den vergangenen Jahrzehnten ausgesetzt war, selbst miterlebt. Ihr Berlin ist nicht museal, sondern eine lebendige, vibrierende Großstadt mit einer faszinierenden Geschichte.

Rita Krauß stellt keine Gruppen aus einander fremden Leuten zusammen, sondern macht ausschließlich Führungen für Einzelpersonen, Paare sowie kleinere und größere Firmengruppen – mit der Option, dass jederzeit verlängert werden kann. Typisch ist etwa jener ältere Herr, der noch einmal die Orte seiner Kindheit sehen wollte. Viele interessieren sich auch besonders dafür, wie die beiden Stadthälften im Lauf der letzten zwanzig Jahre zusammengewachsen sind – und was sie immer noch trennt. Auch Berlinern sei eine Führung mit Rita Krauß empfohlen. Mag sein, dass sie ihre Stadt ganz neu entdecken.

Adresse:	Berlin mit Stil – Individuelle Stadtführungen Rita Krauß	**Telefon:**	030 / 81 82 78 84	**Internet:**	www.berlin-mit-stil.de
		Mobil:	0178 / 5 42 78 80	**Mail:**	info@berlin-mit-stil.de

Jazzclub Schlot

Der „Schlot" raucht jeden Abend. In der Jazzhauptstadt Berlin ist der Club seit langem eine feste Größe, er gilt als Heimstatt eines modernen, intellektuellen und urbanen Jazz. Im Gegensatz zu manch anderen hiesigen Jazzclubs, die mit den Jahren eine gewisse Patina angesetzt haben, trifft man hier auf ein vergleichsweise junges, ungemein sachverständiges Publikum, das weniger an großen (und teuren) Namen interessiert ist als an wirklich guter Musik.

Wer hier auf die Bühne tritt, ist meist jung und ehrgeizig und schielt nicht auf den kommerziellen Mainstream. Sämtliche Berliner Elite-Jazzer spielen regelmäßig. Für viele Gruppen aus dem europäischen Ausland ist es eine Ehre, im „Schlot" aufzutreten, dafür nehmen sie so manche Mühsal auf sich. Kooperationen mit verschiedenen europäischen Kulturinstituten – Polen, Italien und Tschechien vor allem – machen manche Auftritte überhaupt erst möglich. Auch Musiker, die noch nicht so bekannt sind, bekommen ihre Chance – wenn sie gut sind.

John Kunkeler, der den „Schlot" zusammen mit Stefan Berker betreibt, kann das beurteilen. Er hat viele Jahre bei den „Berliner Jazztagen" – die sich heute „Berliner JazzFest" nennen – mitgearbeitet und ist Jazzfan fast von Kindesbeinen an. Er ist risikofreudig und sehr an Nachwuchsförderung interessiert, damit die Jazzliebhaber nicht aussterben. Einmal im Monat etwa findet der Workshop „Jazz for Kids" statt, beim „Jazz for Juniors" spielen Schüler in einer United Bigband, an der „Schlot Musikschule" schließlich können Anfänger und Fortgeschrittene lernen, Jazzinstrumente zu spielen.

jazzclub schlot

Nach den ersten, eher improvisierten Jahren am Prenzlauer Berg hat der „Schlot" seit der Jahrtausendwende in den perfekt restaurierten Edisonhöfen in Mitte sein Domizil gefunden, wo sich garantiert keine Anwohner beschweren: Es gibt nämlich keine.

Der großzügig dimensionierte Kellerraum sieht aus, als sei der „Schlot" schon immer hier gewesen, er ist mit viel Liebe zum Detail eingerichtet. An den Wänden hängen historische Jazzplakate und Fotos, ein Jazzstammbaum führt sämtliche Verästelungen des Genres auf. Der Bierausschank ist – ein kunsthandwerkliches Schmuckstück – in Form eines Saxophons und einer Posaune gestaltet. Nicht selten ergibt es sich, dass man nach dem Konzert an der Bar ganz zwanglos mit den Musikern ins Gespräch kommt.

Adresse:	Jazzclub Schlot Edisonhöfe / Chausseestraße 18 10115 Berlin	**Telefon:**	030 / 448 21 60	**Internet:**	www.kunstfabrik-schlot.de
		Telefax:	030 / 440 43 0 68	**Mail:**	info@kunstfabrik-schlot.de

Krøhan Bress

Raucher gehören ja inzwischen zu einer gefährdeten Spezies, fast nirgendwo mehr dürfen sie ihrer Leidenschaft öffentlich frönen. Eines ihrer Refugien ist „Krøhan Bress" in der Ackerstraße 145 (das noch eine Dependance im ersten Stock der Arkaden am Potsdamer Platz besitzt).

Das wohlsortierte Zigarren- und Spirituosengeschäft besitzt die Anmutung eines traditionellen, englischen Clubs, es ist ein Ort der kultivierten Entspannung für wahre Tabakfreunde.

Merten Krøhan – der das Geschäft zusammen mit seinem Partner Roman Bress führt – sagt leicht kryptisch, er orientiere sich „an einer Zeit, die es nie gegeben hat". Dies heißt nichts anderes, als dass er einen höchst eigenen Stil pflegt, der nirgendwo sonst zu finden ist.

Aus handgefertigten Eichenfässern werden Spirituosen wie Rum, Whisky und Tequila in individuellen Mengen abgefüllt, eine handgeschriebene Tafel zeigt die tagesaktuellen Whiskysorten. Die deckenhohen Regale sind mit Flaschen ausgesuchter Provenienzen gefüllt. Beste Kaffeesorten („Origo" und „Lucaffé") stehen in vollständiger Auswahl zur Verfügung.

Kernstück des Geschäfts ist zweifellos ein imposanter, begehbarer Humidor. In ihm lagern über 300 Zigarrenmarken und -formate aus der ganzen Karibik bei idealer Temperatur und einer Luftfeuchtigkeit von ca. 75%. Schwerpunkt sind Havannas, also kubanische Zigarren. Sie sind ohne Frage die besten der Welt und werden vom alleinigen Importeur „5th Avenue" an besonders qualifizierte Händler – also auch an „Krøhan Bress" – geliefert.

Diese Händler führen das Prädikat „Habanos Specialist" und haben das Recht, „Habanos Smokers Lounges" einzurichten. „Krøhan Bress" hat sich für das „Van der Valk Hotel Berliner Ring" und das „andel's Hotel" entschieden.

Merten Krøhan ist selbst ein leidenschaftlicher Zigarrenraucher und verfügt über ein immenses Wissen über den blauen Dunst, das er Kunden gern vermittelt. Packend kann er schildern, wie Tabakblätter abgepflückt, getrocknet, fermentiert, gemischt, gerollt und gelagert werden, bis sie schließlich zu Zigarren werden.

Das Hinterzimmer von „Krøhan Bress" ist im Kolonialstil eingerichtet und ein geradezu kontemplativer Ort. Regelmäßig finden Whiskyproben und Zigarrenverkostungen statt, alle drei Monate ist die „Lange Nacht der Zigarren" zu Gast. Nichts spricht übrigens dagegen, dass ein Kunde hier in aller Ruhe die Zigarre raucht, die er gerade vorne gekauft hat.

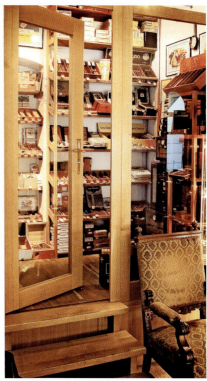

Adresse:	Krøhan Bress	Telefon:	030 / 30 87 48 92	Internet:	www.kroehanbress.de
	Ackerstraße 145	Telefax:	030 / 30 87 48 93	Mail:	mail@kroehanbress.de
	10115 Berlin				

Plattenschneider

Im Musikgeschäft hat es mehrere Umwälzungen gegeben, die sowohl die Musikwiedergabe als auch ihre Rezeption grundlegend veränderten. Mitte der Achtziger Jahre wurde die Schallplatte weitgehend durch die CD ersetzt, die aber inzwischen ebenfalls stark an Bedeutung verloren hat. Musik wird heutzutage vorwiegend aus dem Internet geladen und dieser Trend verstärkt sich immer mehr. In wenigen Jahren werden Musiksammlungen fast nur noch virtuell vorhanden sein.

Eine ganz andere Sache ist es, wenn es um die Qualität der Wiedergabe geht. Vergleicht man den Klang einer analogen Vinylschallplatte mit dem einer digitalen CD, so wird sich – eine entsprechend hochwertige Anlage vorausgesetzt – immer die Schallplatte als überlegen erweisen. Sie klingt – ungeachtet aller theoretischen Messwerte – wärmer, voller und natürlicher als jedes digitale Medium. Zudem besitzt sie eine völlig andere Haptik als die kleine Silberscheibe, es ist immer noch ein fast feierlicher Akt für Kenner, das schwarze Vinyl aus der Hülle zu nehmen, auf den Plattenteller zu legen und diesen in Gang zu setzen, so dass mit exakt 33 1/3 Umdrehungen pro Minute das hörbar gemacht wird, was in den Rillen unsichtbar gespeichert ist.

Nicht umsonst vertrauen auch DJs nach wie vor auf Schallplatten. Nur mit ihnen sind jene Samples möglich, bei denen aus zwei verschiedenen Aufnahmen in Echtzeit etwas ganz Neues, Eigenständiges kreiert wird.

DJs vor allem sind denn auch die Kunden des „Plattenschneiders", der eine fast schon exotische Dienstleistung anbietet: Musik von jedem beliebigen Tonträger – ob nun CD, USB-Stick, Audiokassette oder Tonband – auf eine Vinylplatte zu pressen. Das Prinzip funktioniert genauso wie das Abspielen einer Schallplatte – nur rückwärts. Das Signal wird von einer Quelle, einem Rechner zumeist, über Kabel zu einem Schneidstichel geleitet, der die Information in eine auf 50°C erhitzte Vinylplatte, einen Rohling, ritzt. Das Ergebnis kann über einen Tonabnehmer unmittelbar während des Schneidens abgehört werden.

Gefertigt wird auf diese Weise immer nur ein Einzelstück. Dave Martin, der „Plattenschneider", versieht es mit einem Label sowie einer Hülle nach Wunsch, die beide im Haus bedruckt werden. Auch individuell bedruckte T-Shirts, Plakate, Aufkleber und Leinwände werden hier hergestellt, es ist das eigentliche Kerngeschäft. Neben DJs kommen aber immer wieder Liebhaber, die ihnen wichtige Musikstücke auf Vinyl bewahren wollen, und denen nichts über die gute alte Schallplatte geht. Recht haben sie!

Adresse:	Plattenschneider bei Neitworx.de Torstraße 11 10119 Berlin	Telefon:	030 / 50 56 11 88	Internet:	www.plattenschneider.com
		Telefax:	030 / 50 56 11 87	Mail:	info@plattenschneider.com

Samuel's Dance Hall

Tanzen? Macht fast jeder gern. Es können leider nur die Wenigsten. Nicht umsonst genoss ein Ausnahmetänzer wie Michael Jackson weltweiten Kultstatus. Die Rede ist hier nicht von traditionellen Gesellschaftstänzen wie Foxtrott, Cha-Cha-Cha und Walzer: Die interessieren, man muss es so hart sagen, nur noch Randgruppen.

In der Jugendszene aktuell sind der urbane Breakdance, Hip Hop, Street Dance sowie der mehrere Stile zusammenfassende New Style. Ein Sonderfall ist Salsa / Merengue, der ein eigenes Genre bildet und seine ganz spezielle Fangemeinde besitzt. Mit dem althergebrachten, biederen Tanzunterricht der gehobenen Stände, wie er vor einigen Jahrzehnten noch zum Erwachsenwerden gehörte, hat all dies nichts, aber auch gar nichts mehr zu tun.

Zum Tanzen der neuen, modernen Art gehört nicht nur eine bestimmte Musik, wie es sie vor einigen Jahren noch gar nicht gab, sondern auch eine gewisse Akrobatik. Exzellente Körperbeherrschung ist eine Grundvoraussetzung. Nicht umsonst ist bei Tanzstudios wie „Samuel's Dance Hall", die sich auf der Höhe der Zeit befinden, neben Tanzkursen der verschiedensten Art – von Jazz über Street und Breaking bis hin zu Locking und Popping – auch Fitnesstraining im Angebot, an modernsten Geräten versteht sich. Auch Videoclip Dancing wäre vor einiger Zeit noch undenkbar gewesen.

Tanzen – neben der Musik immerhin die älteste künstlerische Ausdrucksform – können schon die Kleinsten lernen: Street Dance wird hier schon für Kinder ab sechs Jahren angeboten. Die

samuel's dance hall

machen dann bald manch Älterem etwas vor: Früh übt sich... Nicht umsonst heißt es bei „Samuel's Dance Hall": Just Dance! – Move Your Body! – Do something nice!

Gegründet haben „Samuel's Dance Hall" 2003 drei junge Judoka und ein B-Boy, denen Kampfsport allein nicht genügte: Björn, Butze, Jens und Romeo. Heute unterrichten sie in Berlin Tanz an drei Orten: In Weissensee, Marzahn und Tempelhof. Im Sommer halten sie, mit Gastlehrern aus aller Herren Ländern, einwöchige Tanzseminare im landschaftlich reizvoll gelegenen Schloss Boitzenburg ab. Der Höhepunkt des Jahres ist stets „Samuel's Gala", eine aufwendig inszenierte Veranstaltung vor großem Publikum, auf der die Tanzschüler zeigen können, was sie gelernt haben.

Adresse:	Samuel's Dance Hall Caseler Straße 2 – 2 a 13088 Berlin	Telefon:	030 / 99 27 06 63	Internet:	www.samuels-world.com
		Telefax:	030 / 99 27 06 64	Mail:	kontakt@samuels-world.com

Abathon Knigge & Karriere

Wenn große Unternehmen Fach- und Führungspositionen zu besetzen haben, wenden sie sich meist an externe Spezialisten, an Headhunter, die sie bei der Suche und Auswahl geeigneter Bewerber unterstützen.

Einer der renommiertesten Headhunter ist Uwe Fenner. Wird er gebeten, den Kandidaten für eine vakante Position zu finden, stellt er – neben dem Check der 50.000 Namen, die er in seiner Kartei hat – stets umfangreiche Recherchen an: Wer kommt überhaupt in Frage für den Job? Dies ist, zunächst einmal, ein größerer Personenkreis. Jeden dieser Anwärter beurteilt Fenner nach festgelegten Kriterien, um dem Unternehmen dann eine handverlesene Auswahl der Besten zu präsentieren – eine kleine Schar, aus der sich schließlich der ideale Kandidat herauskristallisiert.

Über 1000 ausführliche Kandidatengespräche hat Uwe Fenner im Lauf seiner Karriere geführt. Dabei ist ihm aufgefallen, dass mitunter selbst die qualifiziertesten Führungskräfte Defizite darin aufweisen, wie sie sich nach außen hin geben. Kompetenz ist entscheidend, doch zum Eintritt in die oberen Etagen der Karriereleiter gehört gleichermaßen ein gewisses Maß an Stil und Etikette, das nicht jeder sicher beherrscht. Hier lauern – auch wenn sich die gesellschaftlichen Umgangsformen in den vergangenen Jahrzehnten deutlich gelockert haben – oft unerkannte Fallstricke,

die einen weiteren Aufstieg in der Unternehmenshierarchie bremsen.

Nur konsequent ist es, dass Uwe Fenner diese Etikette in professionellen

abathon knigge & karriere

Seminaren vermittelt. Seit über 20 Jahren ist Fenner erfolgreicher Coach, Dozent und Buchautor, ein kompetenter und stilsicherer Sachverständiger für alle Themen, die mit dem Oberbegriff „Knigge" bezeichnet werden.

Er setzt punktgenau dort an, wo Defizite sind: Beim guten und dennoch authentischen Stil, bei der angemessenen Selbstrepräsentation, dem überzeugenden Auftritt, der klaren Repräsentanz des Unternehmens. Er gibt Tipps zu Haltung und Körpersprache, er weiß, wie die Begrüßungsrituale sind, wie der Dresscode ist, die Handy-, Brief- und E-Mail-Etikette. Auch der Umgang mit ausländischen Geschäftspartnern ist oft mit allerlei Hürden versehen, über die so mancher ohne böse Absicht stolpert.

Meist hält Fenner diese Seminare im Unternehmensauftrag ab. Auf Wunsch berät er jedoch auch Privatleute, denen er ein Karriere- und Persönlichkeitscoaching angedeihen lässt, das sich nicht selten in barer Münze auszahlt.

Adresse:	Abathon Knigge & Karriere Institut für Stil & Etikette Lobeckstraße 36 10969 Berlin	**Telefon:** **Telefax:**	030 / 75 54 99 49 030 / 75 54 99 48	**Internet:** **Mail:**	www.abathon.de info@fenner.de

Boxen Gross

Gelegentlich kommt es vor, dass Leute anrufen, die Boxhandschuhe suchen oder Trainingsstunden buchen wollen. Doch die sind hier definitiv falsch.

Hinter „Boxen Gross" verbirgt sich eines der angenehmsten und kompetentesten High-End-Studios Berlins. Der Name stammt noch aus der Anfangszeit zu Beginn der achtziger Jahre, als Siegfried Wörner – ein Hifi-Freak von Jugend an – selbst Lautsprecher aus vorgegebenen Komponenten zusammenbaute und verkaufte. Viele Kunden halten ihm bis heute die Treue, für sie wäre eine Namensänderung ein Sakrileg, obwohl der Anspruch von „Boxen Gross" längst ein ganz anderer ist.

Wörner hat kein Interesse daran, standardisierte Hifi-Pakete zu verkaufen, sondern sieht es als eine Herausforderung an, für jeden Kunden – ganz individuell – die optimale Anlage zusammenzustellen. Dazu gehören eine intensive Beratung, in die auch der persönliche Musikgeschmack und die akustische Situation im heimischen Wohnzimmer einbezogen werden, sowie ein extensives Probehören. So kristallisiert sich nach und nach heraus, mit welcher Anlage der Kunde wirklich glücklich wird.

Auch wer den Klang einer bereits vorhandenen Anlage verbessern möchte, findet in Siegfried Wörner einen kundigen Ansprechpartner. So kann man zum Beispiel allein durch die geänderte Aufstellung der Lautsprecher oder den Einsatz von sinnvollem Zubehör – das gar nicht so viel kosten muss – seiner Anlage ganz neue Töne entlocken.

Unabhängig von Testergebnissen soll eine Anlage vor allem eines: Spaß machen. Viele, die sich intensiv mit der Materie beschäftigen, vergessen über der akribischen und feinsinnigen Beurteilung einzelner Komponenten ja das Wesentliche – das Musikhören.

Wer glaubt, mit Formaten wie MP3 Musik hören zu können, wird hier schnell eines Besseren belehrt. Favorit unter den Herstellern ist für Siegfried Wörner eindeutig die englische Marke „Linn", deren Erzeugnisse zwar nicht gerade im unteren Preissegment angesiedelt sind, doch ein geradezu sensationelles Preis-Leistungs-Verhältnis bieten. „Linn" ist auch ein Vorreiter der Streaming-Technologie, bei der die Musikdaten mittels eines speziellen Programms zu 100 Prozent auf eine Festplatte übertragen werden, so dass keine Fehler mehr interpoliert werden müssen, wozu auch der beste CD-Player gezwungen ist. Doch wozu all diese schönen Geräte tatsächlich in der Lage sind, sollte man sich am besten persönlich anhören. Siegfried Wörner macht gern einen Termin.

Adresse:	Boxen Gross	Telefon:	030 / 62 46 00 55	Internet:	www.boxen-gross.de
	Oranienplatz 5	Telefax:	030 / 62 42 00 68	Mail:	woerner@boxen-gross.de
	10999 Berlin				

Ton Art Klassik-CD

Dies ist eines jener kleinen, hoch spezialisierten und mit Herzblut betriebenen Geschäfte, die man nicht missen möchte. Gewiss wird ihnen von ebenfalls gut sortierten Kaufhäusern und marktschreierischen Kettenläden das Leben schwer gemacht, doch besitzen sie gegenüber jenen einen entscheidenden Vorteil: Wer hier kauft, wird auf eine Weise kompetent beraten, wie es kein noch so großer Mediensupermarkt jemals könnte. Denn Rolf Sauer und sein Partner Norbert Liebchen beschränken sich auf ein Segment, das sie lieben und auf dem sie sich bestens auskennen: CDs mit klassischer Musik. Auch privat hören die beiden vorzugsweise Klassik, oft sind sie in der Oper oder Philharmonie zu finden.

1985, als die CD innerhalb kurzer Zeit die Schallplatte ablöste, eröffneten sie ihren Laden. Sie waren davon überzeugt, dass die CD der Tonträger der Zukunft sein würde. Heute, 25 Jahre später, sind sie mit ihrem Konzept erfolgreicher denn je. Stammkunden fahren oft von weither nach Steglitz, um ihre Klassik-Sammlung zu vervollständigen und Neuerscheinungen probe zu hören, nicht zuletzt auch, um eine sachkundige Beurteilung dieser oder jener Interpretation zu erhalten. Zu unübersichtlich ist schließlich das Angebot, zu zahlreich die Einspielungen, als dass man noch den Überblick behalten könnte.

Orientierungshilfe also ist gefragt und die liefern Rolf Sauer und Norbert Liebchen reichlich. Zehn- bis zwölftausend CDs sind im Laden vorrätig, nicht nur der Mainstream, sondern auch Ausgrabungen aus Renaissance und Barock, abseitige Werke bekannter Komponisten wie etwa Kammermusik von Arnold Schönberg oder die Oper „Macbeth" von Ernst Bloch. Bei Schlachtrössern des Repertoires wie dem „Ring des Nibelungen" empfehlen sie jene Einspielungen, die ihrer Meinung nach die besten sind: Die von Karajan, Keilberth, Solti und Thielemann.

Regelmäßig geben die beiden eine Empfehlungsliste heraus, in der Neuerscheinungen auf CD und DVD (der Videomitschnitt bedeutender Aufführungen nimmt einen immer breiteren Raum ein) sachkundig kommentiert werden. Im Lauf der Jahre ist daraus ein dickes Buch entstanden, in dem man sich mühelos festlesen kann. Will man dann auch noch die Stücke ausschnittweise hören, mag so manche Stunde auf angenehmste Weise vergehen.

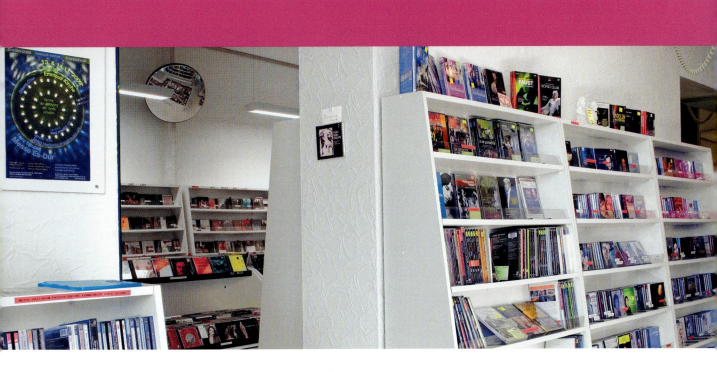

Adresse:	Ton Art Klassik-CD	Telefon:	030 / 7 91 17 36
	Deitmerstraße 7 / Eingang Düppelstraße	Telefax:	030 / 7 91 85 95
	12163 Berlin		

hotels

Hotel Villa Kastania

Die Lage des Hotels ist vortrefflich: Es befindet sich in unmittelbarer Nähe des Messegeländes, der Waldbühne und des Olympiastadions. Deutsche Oper, ICC und Kurfürstendamm sind ebenfalls leicht erreichbar. Mit der nahe gelegenen U-Bahn am Theodor-Heuss-Platz ist die Anbindung zum Stadtzentrum optimal. Kein Wunder, dass das Hotel so beliebt ist. Hinzu kommt, dass die „Villa Kastania" ein ausgesprochen angenehmes und komfortables Haus ist, in dem man sich auf Anhieb wohlfühlt.

Es liegt – umgeben von mächtigen Kastanienbäumen – mitten im Westend, einer ruhigen, traditionell großbürgerlichen Wohngegend. Auf dem Grundstück stand früher die Villa des Ufa-Regisseurs Wolfgang Liebeneiner und seiner Frau Hilde Krahl, der nicht minder bekannten Schauspielerin. Die Eltern der heutigen Besitzerin Sylvia Möller bauten hier, in den Siebziger Jahren, zunächst eine Seniorenresidenz. Sylvia Möller wandelte diese dann jedoch nach und nach in das Hotel um, das seit eineinhalb Jahrzehnten ein Anziehungspunkt für jene Reisenden ist, die in Berlin etwas abseits des Trubels, aber gleichwohl verkehrsgünstig in einer ebenso freundlichen wie luxuriösen Umgebung nächtigen wollen.

Die 45 Zimmer und Suiten, sämtlich mit Balkon oder Terrasse, wurden von der Inhaberin auf ganz unterschiedliche Weise eingerichtet: Venezianisch verspielt, asiatisch schlicht oder klassisch traditionell. Warme Farbtöne, edle Stoffe und Natursteine sowie Originalkunst im gesamten Haus kreieren eine harmonische und entspannte Atmosphäre.

Im großzügigen Wellnessbereich stehen ein Schwimmbad mit Sonnenterrasse, eine Regenwald-Aromadusche, eine finnische und eine römische

Sauna sowie ein Kosmetikinstitut zur Verfügung. Für private und geschäftliche Feierlichkeiten, Empfänge und exklusive Meetings bietet der mit aufwändigen Fresken verzierte Salon den idealen Rahmen. Er ist mit modernster Technik sowie einer eigenen Bar ausgestattet und grenzt an eine große Terrasse.

Eingebunden in das Hotel ist das Restaurant „Marron" („Kastanie" mithin), in dem die Gäste nicht nur frühstücken, sondern auch sehr gut essen können. Serviert wird eine internationale, frische Küche mit regionalen Akzenten. Bei warmem Wetter sitzt man gerne auf der Gartenterrasse und fühlt sich fast in anderen Gefilden.

Adresse:	Hotel Villa Kastania Kastanienallee 20 / Bayernallee 1 14052 Berlin	Telefon:	030 / 30 00 00 20	Internet:	www.villakastania.com
		Telefax:	030 / 30 00 02 10	Mail:	info@villakastania.com

Hotel Bogota

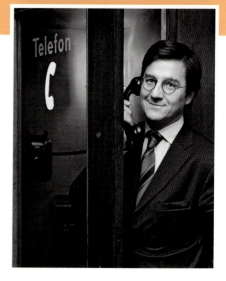

Kein Hotel in Berlin ist so geschichtsträchtig wie das „Bogota", in ihm spiegeln sich exemplarisch die deutschen Zeitläufte des 20. Jahrhunderts, im Guten wie im Schlechten. Und der Gast, das ist das Bemerkenswerte, hat in jeder Sekunde das Gefühl, eingebunden zu sein in diese Historie. „Sie schlafen in heiligen Räumen", sagte der weltberühmte Fotograf Helmut Newton nicht ohne Grund, als er 2002 seine frühere Wirkungsstätte noch einmal besuchte.

Während der 1920er Jahre lebte hier der kunstsinnige Unternehmer Oskar Skaller. Er pflegte rauschende Feste zu veranstalten, auf denen auch der junge Benny Goodman auftrat. In der vierten und fünften Etage hatte die bekannte deutsche Fotografin Yva – die 1942 von den Nazis ermordet wurde – Wohnung und Atelier. 1936 kam Helmut Newton als Lehrling zu ihr. Später bezeichnete er diese beiden Jahre als die glücklichsten seines Lebens. Yvas berühmte Modeaufnahmen zieren noch heute die Wände im Hotel.

1942 – Helmut Newton war da längst aus Deutschland geflohen – zog die Reichskulturkammer in das Gebäude ein. Wo die Gäste heute frühstücken, wurden damals der Zensurbehörde Spielfilme vorgeführt. Die Filmstars des Dritten Reichs traten reihenweise an. Und alles wurde akribisch dokumentiert. Dies war der Grund dafür, dass die Briten hier nach dem Krieg die Entnazifizierungskammer einrichteten: Die Akten standen ja im Schrank. Wieder wurden Künstler wie Wilhelm Furtwängler, Hans Albers, Heinz Rühmann und Gustav Gründgens einbestellt – diesmal, damit sie sich wegen ihrer Verstrickungen rechtfertigten.

Zum Hotel wurde das Gebäude 1964, als der Unternehmer Heinz Rewald aus Kolumbien zurückkehrte. Er gab dem Hotel den Namen. 1976 dann übernahm die Familie Rissmann das „Hotel Bogota", es ist noch heute in ihrem Besitz. Joachim Rissmann, der heutige Direktor, pflegt die Erinnerung an die Vergangenheit mit großem Engagement. Im „Photoplatz" genannten Frühstücksraum veranstaltet er wechselnde Fotoausstellungen. Im Museum Charlottenburg war das Hotel selbst Gegenstand einer erfolgreichen Ausstellung. Wer im „Hotel Bogota" übernachtet, weiß in der Regel um die Geschichte des Gebäudes. Wenn nicht, so frage er Herrn Rissmann. Er weiß alles, aber auch wirklich alles über das Haus.

Über alldem sollte nicht unerwähnt bleiben, dass es sich beim „Hotel Bogota" um eine sehr gepflegte, traditionelle und überaus angenehme Herberge handelt, die ganz und gar authentisch ist. Das trifft man heutzutage selten.

Ein Tipp: Jeden Dienstagabend spielt das Andreas Hofschneider Quartett begeisternden Swing aus den Dreißiger und Vierziger Jahren.

Adresse:	Hotel Bogota Schlüterstraße 45 / Ecke Kurfürstendamm 10707 Berlin	Telefon:	030 / 88 15 00 1	Internet:	www.hotel-bogota.de
		Telefax:	030 / 88 35 88 7	Mail:	info@hotel-bogota.de

Hotel-Pension Funk

Eine Übernachtung in dem kleinen Hotel ist wie eine Zeitreise zurück ins Berlin der Zwanziger und Dreißiger Jahre. Mehr noch als heute war die Fasanenstraße damals eine der vornehmsten Straßen der Hauptstadt. Die Wohnungen waren von großbürgerlichem Zuschnitt: So groß, dass man sich fast darin verlieren konnte, hohe Räume mit kunstvollem Stuck an den Decken, von denen nicht selten Kronleuchter hingen, kostbare Teppiche auf blank polierten Parkettfußböden, ohne Ausnahme prächtig eingerichtet. Man liebte es, zu repräsentieren.

Viel von dieser Atmosphäre ist auch heute noch erhalten in dem Hotel, das Authentizität und einen selten gewordenen Charme besitzt. 14 Zimmer nur stehen zur Verfügung, zwei Wohnungen wurden dafür zusammengelegt. In der einen wohnte damals der Fliegergeneral Ernst Udet, in der anderen – von 1931 bis 1937 – die Stummfilmdiva Asta Nielsen, die damals eine Popularität genoss wie heute Madonna. Berühmt geworden war sie mit Filmen wie „Die freudlose Gasse", „Fräulein Julie" und „Dirnentragödie" sowie einer Adaption von Shakespeares „Hamlet", in der sie selbst den Dänenprinzen spielte. Sie war der vielleicht größte Star des Stummfilms überhaupt und eines der ersten Sexsymbole. Mit der Einführung des Tonfilms beendete sie ihre Karriere, obwohl sie eine sehr markante, tiefe Stimme besaß.

An den Wänden des Hotels finden sich zahlreiche Devotionalien an die große Schauspielerin: Fotos und Filmplakate, Briefe hinter Glas, ein Seidenschal, den sie bei einer Filmpremiere in Breslau 1914 trug. Die Magie des Ortes inspirierte auch andere Künstler: Volker Schlöndorff und Rosa von Praunheim drehten hier Szenen ihrer Filme, Karl Lagerfeld hielt Fotoshootings mit seiner Muse Claudia Schiffer ab, der Schauspieler Klaus Löwitsch wohnte oft in seinem Lieblingszimmer Nummer 29.

Nach dem Zweiten Weltkrieg richteten die Schwestern Funk eine Pension hier ein – daher der Name. Seit 1991 wird das Hotel von Michael Pfundt geführt, der sich mit großem Engagement darum kümmert, dass alles so bleibt, wie es ist: Alles andere wäre wohl ein Frevel. Jedes Zimmer ist mit individuell zusammengestellten, originalen Einrichtungsstücken aus Gründerzeit, Belle Epoque und Jugendstil möbliert und besitzt eine ganz eigene, unverwechselbare Atmosphäre, ein Karma fast. Kein anderes Hotel in Berlin kommt diesem gleich, und wer Sinn für die Geschichte des Ortes hat, wird sich hier mit Sicherheit wohlfühlen.

Adresse:	Hotel-Pension Funk	Telefon:	0 30 / 88 27 19 3	Internet:	www.hotel-pensionfunk.de
	Fasanenstraße 69	Telefax:	0 30 / 88 33 3 29	Mail:	berlin@hotel-pensionfunk.de
	10719 Berlin				

Hotel Domicil

Gäbe es einen Preis für den unauffälligsten Hoteleingang Berlins – dieses Hotel hätte ihn verdient. Fährt man jedoch ohne Stopp hinauf in den siebten Stock, wo sich die Rezeption befindet, geht die Sonne auf. Hier hat man einen traumhaften Blick über die Dächer Charlottenburgs, in der Ferne grüßt der Fernsehturm, ganz unten befindet sich Berlins älteste Fußgängerzone, die Wilmersdorfer Straße. Im Sommer kann man auch beim Frühstück auf der begrünten Terrasse diesen Blick genießen.

Die Lage ist auch sonst einmalig: Zum Kudamm sind es wenige Minuten zu Fuß, in der anderen Richtung gelangt man ebenso schnell zum Charlottenburger Schloss oder zur Deutschen Oper und wer den lebhaften Kiez der Kantstraße bevorzugt, muss nur vor die Tür treten.

An vielen kleinen Dingen merkt der Gast, dass er sich in einem professionell und engagiert geführten Privathotel befindet, wo großer Wert auf eine individuelle Ansprache und Betreuung gelegt wird.

Auf dem Bett findet er ein handgeschriebenes Begrüßungskärtchen, die angebotenen Arrangements sind speziell auf seine Ansprüche und Bedürfnisse zugeschnitten, und kaum ein Wunsch bleibt unerfüllt. Alle Veranstaltungstickets können direkt im Hotel ausgestellt werden, Schlangestehen vor Theaterkassen gibt es nicht.

Das „Domicil", das vom Besitzerehepaar Holger W. und Katharina Schwarz geleitet wird, ist wahrlich eine Heimstatt, es unterscheidet sich wohltuend von den großen Kettenhotels der Hauptstadt mit ihrem oft recht standardisierten Ambiente. Die Zimmer sind mit eigens angefertigten sizilianischen Pinienholzmöbeln eingerichtet, in den großzügigen Bädern findet man Biasazza-Mosaiken aus der Toskana, die Stoffe mit den warmen Erdfarben kommen – ebenso wie die Lampen – aus Florenz. All diese Elemente zusammen schaffen eine durchweg angenehme mediterrane Wohlfühlatmosphäre.

Es waren, ganz nebenbei bemerkt, fünf Frauen, die für die Innen- und Außengestaltung des Hotels verantwortlich waren. Unterschwellig ist dies durchaus zu spüren. Eine von ihnen war die französische Künstlerin Martine Frossard, die mit ihren einzigartigen dreidimensionalen Bildern das Erscheinungsbild des Hotels wesentlich geprägt hat. Ihre Kunstwerke sind weder Malerei noch Skulptur, sie basieren auf den Reliefs antiker Ruinen sowie den Altaraufsätzen barocker Kirchen und schöpfen auf mannigfaltige Weise aus dem Mythenschatz des Mittelmeerraums. So etwas hat kein anderes Hotel in Berlin zu bieten.

Adresse:	Hotel Domicil	Telefon:	030 / 32 90 30
	Kantstraße 111a / Ecke Wilmersdorfer Straße	Internet:	www.hotel-domicil-berlin.de
	10627 Berlin	Mail:	info@hotel-domicil-berlin.de

Hotel Otto

Allein in einer fremden, großen Stadt schätzt der Reisende eine persönliche, individuelle Ansprache im Hotel umso mehr. Er freut sich, wenn er – zum Beispiel – mit einem iPod MP3-Player auf eine Tour geschickt wird, die ihn, angereichert mit allerlei Insiderinformationen, vorbei an preußischen Baudenkmälern und moderner Architektur bis hinein in verwinkelte Hinterhöfe führt.

Freundinnen, die ein paar Tage in Berlin verbringen, werden gewiss ein „Girls only"-Paket genießen, in dem sie nicht nur zu angesagten Boutiquen und trendigen Cafés geleitet werden, sondern auch zu einem türkischen Hamam, in dem ausschließlich Frauen mit traditionellem Kese-Peeling und orientalischer Sabunlama-Massage verwöhnt werden. Auf dem Zimmer wartet danach eine Flasche Champagner. Wieder andere Gäste setzen sich bei schönem Wetter vielleicht einfach zu Kaffee und Kuchen auf die Dachterrasse, lesen oder genießen den schönen Ausblick.

Dies sind nur einige der Angebote, mit denen das „Hotel Otto" aus dem Bereich des Gewohnten heraussticht. Man merkt an tausend Kleinigkeiten: Dies ist ein privat geführtes Haus, bei dem sich die Besitzer Alexander Haas und Rita Müller – die als Direktorin das Tagesgeschäft führt – viele Gedanken darüber gemacht haben, wie sie ihren Gästen den Aufenthalt so angenehm wie möglich machen.

Kernpunkt des Hotels sind natürlich die Zimmer. Das Konzept: Größtmöglicher Komfort gepaart mit edlem Minimalismus und zeitgenössischem Design. Dieser Anspruch ist mit Klasse umgesetzt. Die Beleuchtung ist raffiniert und indirekt, die Sessel sind aus der Serie „Small dots" von Charles und Ray Eames, das individuell gefertigte Daybed ist – ebenso wie der

50

hotel otto

Schreibtisch – aus massivem Holz, streng geometrisch und verblüffend bequem. Bunte Farbakzente unterbrechen die neutralen Farben. Begehbare Kleiderschränke, Flatscreen-TV und kostenloses W-Lan im ganzen Haus runden das positive Bild ab. Zudem: Es gibt immer Äpfel auf dem Zimmer und nicht irgendein Mineralwasser, sondern Quellwasser aus dem Schwarzwald, eine Reminiszenz an Rita Müllers Heimat.

Ein besonderes Highlight ist das Frühstücksbüffet im siebten Stock. Es sind immer Themenwochen, mit denen die Gäste überrascht werden. Mal ist es Fisch, dann stehen Bayern, Frankreich oder Italien auf dem Plan, immer mit einer reichhaltigen Spezialitätenauswahl. Aufs Mittagessen kann man danach getrost verzichten.

| Adresse: | Hotel Otto
Knesebeckstraße 10
10623 Berlin | Telefon:
Telefax: | 030 / 547 100 - 80
030 / 547 100 - 888 | Internet:
Mail: | www.hotelotto.com
info@hotelotto.com |

Hotel Hackescher Markt

Die Gegend rund um die Hackeschen Höfe bildet eines der kreativen, pulsierenden Zentren Berlins. Vor allem Galerien und Modeläden jeder Couleur sowie Werbeagenturen, Musiklabels und Filmproduktionsfirmen haben sich im Verein mit Künstlern jeder Art hier angesiedelt. Kein Tourist versäumt es angesichts der zahlreichen Einkaufs- und Vergnügungsmöglichkeiten, der vielen Bars, Cafés und Restaurants, hier vorbeizuschauen. Neben Friedrichstraße und Kudamm ist das Viertel einer der kommerziellen Magneten der Hauptstadt.

Viele Besucher wollen am liebsten auch gleich hier nächtigen. Die Auswahl an Hotels ist dementsprechend groß, von sehr günstig bis ganz teuer. Ein Geheimtipp fast ist das „Hotel Hackescher Markt", das nur wenige Schritte abseits der lebhaften und zentralen Straßenkreuzung in einer Nebenstraße liegt. Von außen wirkt es eher unauffällig, umso mehr beeindrucken der Luxus, die Ruhe und die persönliche Note, die den Gast innen erwarten.

Es ist eine Herberge, in der man sich – keineswegs eine Selbstverständlichkeit – vom ersten Moment an willkommen geheißen und individuell betreut fühlt. Dies hat nicht nur mit der überschaubaren Größe des Hotels, sondern vor allem mit dem „Spirit" zu tun, den alle Mitarbeiter – angefangen vom ungemein engagierten und sympathischen Direktor Jürgen Hanold – verkörpern. Es ist, als hätten sich alle verabredet, dem Gast mit scheinbar anstrengungsloser Leichtigkeit unaufdringlich das Gefühl zu vermitteln, bei Freunden zu sein.

hotel hackescher markt

Die 29 Zimmer und 3 Suiten gruppieren sich um einen Innenhof, in dem man bei warmem Wetter auch sitzen kann. Sie wurden im Frühjahr 2010 zum Teil komplett renoviert und sind sowohl in ihrer Anmutung – einem zeitgemäßen englischen Landhausstil – als auch in der technischen Ausstattung auf den neuesten Stand gebracht: Fußbodenheizung in den großzügigen Bädern, W-Lan und große Flachbildschirme sind Standard.

Es sind jedoch die individuellen Kleinigkeiten, die das „Hotel Hackescher Markt" von anderen, ähnlich luxuriös ausgestatteten Hotels unterscheiden: Die kleine Bibliothek mit populärer, aber durchaus anspruchsvoller Literatur etwa, die sich in jedem Zimmer findet, oder die reich gefüllte Obstschale mit exotischen Früchten zur Begrüßung.

Die Zimmerschlüssel sind noch richtige Schlüssel und keine Chipkarten, und äußert man einen Sonderwunsch, so kann man sicher sein, dass er – anders als in vielen anonymen Großhotels – schnellstmöglich erfüllt wird.

Adresse:	Hotel Hackescher Markt	Telefon:	030 / 28 00 30	Internet:	www.hotel-hackescher-markt.com
	Große Präsidentenstraße 8	Telefax:	030 / 28 00 3111	Mail:	reservierung@hotel-hackescher-markt.com
	10178 Berlin				

Hotel Alexander Plaza

In dem Maße, wie Berlin zusammenwächst, kommt auch das alte, historisch-kulturelle Zentrum wieder zu seinem Recht. Das Marienviertel rund um den Alexanderplatz ist einer der ältesten Stadträume der Hauptstadt, die Ursprünge gehen zurück bis ins zwölfte Jahrhundert. Bis zum Zweiten Weltkrieg war hier eine dichte, kleinteilige Bebauung vorherrschend, die Bombardements legten das Viertel in Schutt und Asche.

Doch nicht alle Häuser wurden zerstört. Nach wie vor ein Schmuckstück ist das Gebäude Rosenstraße 1. Ursprünglich ein Gewerbekomplex, in dem Pelze gehandelt und Uhren hergestellt wurden, baute man es nach der Wiedervereinigung zu einem Hotel um, bei dem die historische Bausubstanz weitgehend erhalten blieb. Heute beherbergt es eines der angenehmsten Designhotels Berlins, das „Alexander Plaza".

Nur wenige Gäste dürften wissen, welche dramatischen Ereignisse sich im Februar und März 1943 direkt vor dem Hotel abspielten. Zu diesem Zeitpunkt hatten die Nazis den Großteil der jüdischen Einwohner Berlins bereits in die Konzentrationslager deportiert. Propagandaminister Goebbels hatte sich nun vorgenommen, Adolf Hitler zu dessen Geburtstag am 20. April ein „judenreines" Berlin zu präsentieren. Am Morgen des 27. Februar begannen Razzien in großem Stil. Einige hundert Gefangene wurden im Gebäude Rosenstraße 2-4 interniert, direkt neben der ältesten Synagoge Berlins.

Doch nach und nach versammeln sich deren nichtjüdische Frauen und Mütter in der Rosenstraße und fordern die Freilassung. Immer mehr Menschen werden es und sie weichen nicht, obwohl die SS als unmissverständliche

Drohung zwei Maschinengewehre hinter Sandsäcken aufbaut. Tagelang dauert der Protest an, bis die Gefangenen schließlich auf direkte Anweisung von Goebbels hin freigelassen werden: Ein Vorgang ohne Beispiel.

Dies alles ist zum Glück Geschichte. Das ehemalige Marienviertel ist einer der touristischen Hauptanziehungspunkte des modernen Berlin, das „Alexander Plaza" zählt zu jenen Herbergen, die man stets als erste in Betracht ziehen sollte. Es liegt zentral, die Zimmer sind großzügig, luxuriös und mit allen Annehmlichkeiten versehen, im Untergeschoss befindet sich eine Wellnesslandschaft. Bemerkenswert ist das überaus reichhaltige Frühstücksbüffet, der Service – unter der Direktorin Tatjana Hartmann – ist einfach nur perfekt. Als durchgehendes Designelement ist in jedes Zimmer eine Skyline aus Metall integriert, die den Gast daran erinnert, wo er sich befindet: in der Mitte Berlins.

Adresse:	Hotel Alexander Plaza Rosenstraße 1 10178 Berlin	Telefon:	030 / 24 00 01 - 0	Internet:	www.hotel-alexander-plaza.de
		Telefax:	030 / 24 00 01 - 777	Mail:	frontoffice@hotel-alexander-plaza.de

Lux 11 Berlin-Mitte

Das Kürzel „Lux" steht für die Rosa-Luxemburg-Straße, in der sich das Hotel befindet. Es könnte aber auch den Luxus bezeichnen, der sich hinter der schneeweißen, klassizistischen Fassade verbirgt. Im Ersten Weltkrieg diente das Gebäude als Militärkrankenhaus, während des Kalten Krieges der Fünfziger bis Achtziger Jahre dann als Abhörzentrale des KGB, von der aus west-östliche Telefonleitungen angezapft wurden. 1990, nach der Wiedervereinigung, zogen die russischen Techniker in einer überstürzten Nacht- und Nebelaktion mit all ihren Geräten aus.

Nach umfassenden Sanierungsarbeiten wurde das Haus 2005 als eines der spektakulärsten Designhotels des neuen Berlin eröffnet. Man spürt allerorten die Präsenz des Gedankens, ein perfektes Hotel als umfassenden Ausdruck einer Idee schaffen zu wollen, der sich auch das kleinste Detail noch unterordnet. Schnitt und Einrichtung der großzügig dimensionierten

Zimmer sind streng geometrisch, es regiert der rechte Winkel.

Die Regenwalddusche ist elegant ins Zimmer integriert, das Waschbecken ein ungewohnt tiefer Kubus, der quadratische Holzhocker vor der massiven Schreibtischplatte von japanisch-minimalistischer Schlichtheit (und doch so bequem, dass man Stunden darauf sitzen kann). Um die Ecke ist ein begehbarer Kleiderschrank versteckt, die Decken sind hoch, die Fenster bodentief, die Einbauküche ist mit allem versehen, was es zum autarken Überleben braucht: Von der Mikrowelle bis zu Toaster und Kaffeemaschine. Dass sich die Technik (Flachbildschirm, W-Lan) auf dem neuesten Stand befindet, versteht sich von selbst.

Trotz der rigorosen Reduktion aufs pure Design, dem Gegenteil des „Form follows function" der klassischen Moderne, besteht die Einrichtung den Praxistest. Man sieht, da haben sich Könner Gedanken gemacht. Alles wirkt zwar unkonventionell, doch immer sinnvoll und durchdacht. Die tapetenlosen Wände sind von einem edlen Graugrün, das sich in verschiedenen Abstufungen findet, selbst das Licht der quadratischen Lampen, das sich an den Wänden bricht, scheint genau berechnet, so dass veritable kleine Lichtkunstwerke entstehen.

Kein Wunder, dass vor allem eine junge, internationale Klientel aus der Mode-, Musik- und Medienszene solche Raffinesse schätzt, zumal das Hotel „mitten in Mitte" angesiedelt ist. Im Restaurant „Luchs", das sich im selben Gebäude befindet und eine anspruchsvolle Küche pflegt, nehmen die Gäste ihr Frühstück ein, nicht wenige essen dort auch zu Mittag und zu Abend. Überdies ist das „Luchs" mit angeschlossener Bar auch ein fester Anlaufpunkt für das Berliner Szenepublikum.

Adresse:	Lux 11 Berlin-Mitte	Telefon:	030 / 93 62 800	Internet:	www.lux-eleven.com
	Rosa-Luxemburg-Straße 9 - 13	Telefax:	030 / 93 62 80 80	Mail:	info@lux-eleven.com
	10178 Berlin				

Melarose Feng Shui Hotel

Eines vorweg: Man schläft ganz ausgezeichnet in diesem Hotel. Dies hat mehrere Gründe: Die hervorragenden Betten und die perfekte Lärmdämmung gehören dazu, mit Sicherheit auch die angenehme Atmosphäre und die freundliche Aufnahme, welche dem Gast zuteil wird.

Doch da ist noch etwas anderes: Feng Shui. Dabei handelt es sich um die Jahrtausende alte, an der Religion des Taoismus orientierte chinesische Kunst und Wissenschaft, die Umgebung des Menschen mit seiner Natur in Einklang zu bringen, kurz: Harmonie zu erzeugen. Leben in Harmonie bedeutet Gesundheit, Wohlbefinden, beruflichen Erfolg und persönliches Glück. Chinesen richten sich nach den Erkenntnissen von Feng Shui, wenn es darum geht, Städte zu entwerfen, Häuser zu bauen, Wohnungen einzurichten und ihre Toten zu begraben. Während Maos Herrschaft verboten, ist Feng Shui in China inzwischen wieder ein wesentlicher Bestandteil des Alltagslebens.

Feng Shui basiert auf fünf Elementen: Holz, Feuer, Erde, Metall und Wasser. Nach ihren Prinzipien sind alle Zimmer gestaltet, jeder Raum ist einem dieser Elemente zugeordnet und besitzt somit einen ganz spezifischen Charakter. Jeder Gast kann sich – sofern verfügbar – ein Zimmer auswählen, das seinem persönlichen energetischen Wohlbefinden am besten entspricht.

Die engagierten und kenntnisreichen Mitarbeiter des Hauses erklären gern, was noch so alles getan wurde, um die Umgebung des Gastes mit dessen Wohlbefinden in Einklang zu bringen. Das meiste davon ist unsichtbar. Gemäß der Geomantie – einer esoterischen Lehre, die sich als ganzheitliche Erfahrungswissenschaft versteht – ist der Boden durch unterirdische Was-

serläufe, Gitternetze und Erdverwerfungen belastet. Um diese negativen energetischen Felder auszugleichen, wurden in die Fußböden entstörende Lehmplatten eingefügt, der Keller wurde mit Lehm ausgelegt.

Den größten Stressfaktor stellt jedoch meist der gesundheitsgefährdende Elektrosmog dar. Deshalb besteht in allen Zimmern die Möglichkeit, den Strom komplett abzuschalten. Mit dem Löschen des letzten Lichts erfolgt automatisch die Netzfreischaltung, der Strom fließt nur noch bis zum Sicherungskasten. Konsequenterweise sind die Zimmer daher auch nicht mit Telefon ausgestattet, da dieses nicht vom Netz zu trennen ist. Ein pünktliches Aufwachen ist trotzdem garantiert: Neben jedem Bett steht ein aufziehbarer Wecker, ganz wie früher.

Adresse:	Melarose Feng Shui Hotel	**Telefon:** 030 / 81 79 88 38	**Internet:** www.melarose-fengshuihotel.de
	Greifswalder Straße 199	**Telefax:** 030 / 81 79 88 37	**Mail:** info@melarose-fengshuihotel.de
	10405 Berlin		

Gästehaus Euroflat

Die vielleicht originellste Unterkunft Berlins befindet sich exakt in der geographischen Mitte der Stadt, am sogenannten Flächenschwerpunkt in Kreuzberg. Ein herkömmliches Hotelgebäude wird man vergeblich suchen: Das Gästehaus befindet sich in einer ehemaligen Kirche, die nach dem Mauerbau 1966 errichtet wurde, als die katholische Kirche St. Agnes plötzlich – für viele Gemeindemitglieder unerreichbar – im Osten lag.

Nach dem Mauerfall 1989 war die Ersatzkirche dann überflüssig, 1996 übernahm Uwe Kipp die leer stehenden Wohnräume von Hausmeister, Pfarrer und Kaplan sowie die Sakristei. Der ehemalige Weltenbummler renovierte alles mit eigener Hand und schuf ein Gästehaus, das mit keinem anderen in Berlin vergleichbar ist. Um die Küche und die Lobby, die beide von allen Gästen genutzt werden können, gruppieren sich auf zwei Etagen fünf Gästezimmer und drei Apartments, die in einem angenehm unprätentiösen, individuellen Stil eingerichtet sind.

Neu gekauft ist kein einziges Möbelstück, dafür hat jedes seine Geschichte. Da steht etwa – geradezu unglaublich! – die originale Couchgarnitur von Ernest Hemingway aus dessen Haus in Florida, viele Gegenstände sind ehemalige Filmrequisiten: Die Gardinen fanden schon im „Tatort" Verwendung, die Nachttischchen stammen aus „Schloss Einstein", die Lampen von den „Helicops", einige Schreibtische von der „Küstenwache".

Was das „Gästehaus Euroflat" aber wirklich unvergleichbar macht, sind die unzähligen Kunstobjekte von teilweise sehr bekannten Künstlern, mit denen es angefüllt ist. Uwe Kipp ist ein begnadeter Sammler und ausgesprochen gut vernetzt. In der Berliner Kunstszene hat er viele Freunde, die ihm manches ihrer Werke überlassen und zum Teil in den Zimmern selbst Hand angelegt haben. Einige Badezimmer besitzen staunenswerte Fresken, keiner der phantasievoll dekorierten Räume gleicht dem anderen. So ist das Gästehaus im Grunde eine einzige Kunstgalerie, in der man auch nach längerem Aufenthalt immer wieder Neues entdecken kann.

Abends machen viele Dutzend Kerzen aus den Räumen ein einziges Lichtermeer, im Sommer ist die weitläufige Dachterrasse ein grünes Refugium, das sowohl von der ersten wie der letzten Sonne des Tages beschienen wird. Kein Wunder, dass viele – auch wohlbetuchte – Gäste sämtliche Luxushotels links liegenlassen und es bevorzugen, im „Gästehaus Euroflat" zu nächtigen. Auf Wunsch werden sie mit einem hauseigenen Shuttleservice vom Bahnhof oder Flughafen abgeholt.

Adresse:	Gästehaus Euroflat	Telefon:	030 / 60 03 15 32	Preise:	Zimmer von 45 bis 65 Euro
	Alexandrinenstraße 118	Internet:	www.berlin-beds.de		
	10969 Berlin	Mail:	euroflat@t-online.de		

Hotel Die Fabrik

Die Fabrik war früher wirklich eine. Seit 1905 wurden hier Telefone gebaut, die rasante technische Entwicklung machte die antiquierten Geräte Mitte der Neunziger Jahre obsolet. Eine Zeitlang stand das Gebäude leer, dann griff Georg Krug beherzt zu. Und zwar im direkten Wortsinn, denn er baute das Gebäude mit eigenen Händen zu einem der angenehmsten, ungewöhnlichsten und sympathischsten Hotels von Berlin aus.

Ursprünglich war Georg Krug Sportlehrer und Physiotherapeut. Ein Hotel aber wollte er immer schon betreiben. Natürlich nicht irgendeines, etwas Besonderes sollte es schon sein. Da kam ihm das historische Gebäude gerade recht, er hatte den richtigen Instinkt.

So kurz nach der Wende war die Gegend am Schlesischen Tor alles andere als hip, sie war – genau genommen – ziemlich heruntergekommen. Heute hingegen ist sie ungemein angesagt im ohnehin trendigen Kreuzberg, die Nähe zum Szenebezirk Friedrichshain tut ein Übriges. Und „Die Fabrik" ist mittendrin.

Georg Krug hatte das Glück, dass damals die Andrew Baracks der US-Armee in Zehlendorf aufgelöst wurden und das Inventar – original 1950er Jahre – günstig zu haben war: Stühle, Tische, Betten, Spinde, einfach alles. Dieser Fang bildete die Grundausstattung des Hotels. Hinzu kamen historische Filmplakate, Bauhausfotos und allerlei Kunstwerke.

Im Vergleich zu den anderen Berliner Hotels sind die Übernachtungspreise extrem günstig, sie liegen im unteren zweistelligen Eurobereich. Dafür werden Duschen und Toiletten gemeinschaftlich genutzt (wenn auch nach Geschlechtern getrennt), einige der 55 Zimmer sind mit Waschbecken ausgestattet. Fernseher, Telefon und Minibar gibt es nicht. Das ist aber auch schon alles an Komfort, worauf der geneigte Gast verzichten muss. Die Räume sind groß, sie haben hohe Decken und vor allem ganz hervorragende Matratzen. Auf denen schläft man, wie Georg Krug es ausdrückt, „wie ein satter Säugling".

Reisegruppen wird man hier nicht finden, von Individualreisenden jedweden Alters hingegen wird das Hotel sehr geschätzt. Für Architekturstudenten ist das Gebäude ein faszinierendes Studienobjekt. Die Atmosphäre ist sehr entspannt und international. Überall in der Welt scheint sich inzwischen herumgesprochen zu haben, wo man in Berlin gut und günstig übernachten kann, ohne auf die standardisierten, anonymen Kettenherbergen zurückgreifen zu müssen.

Adresse:	Hotel Die Fabrik	Telefon:	0 30 / 61 18 25 4	Internet:	www.diefabrik.com
	Schlesische Straße 18	Telefax:	0 30 / 6 18 29 74	Mail:	info@diefabrik.com
	10997 Berlin				

Essen & Trinken

Pikilia

Auch die griechische Küche hat ihren Freundeskreis, besonders, wenn sie so gut ist wie im „Pikilia". Es gibt Gäste, die fahren von weither nach Zehlendorf, um eine griechisch-mediterrane Küche zu genießen, die mit Akropolis-Teller und Kreta-Pfanne nichts, aber auch gar nichts zu tun hat. Nicht ohne Grund ist es fast jeden Abend voll, man trifft Prominente aus Politik und Showbiz, und manchmal auch die komplette Mannschaft von Hertha BSC (weswegen eine Reservierung anzuraten ist).

Georgios Savvidis, der agile Inhaber, stammt aus Jannitsa, einem kleinen Dorf in der Nähe von Pella, der alten Hauptstadt Makedoniens. Er hat das Restaurant im Mai 2001 eröffnet. Die ersten Jahre waren, auch wegen der Folgen von 9/11 und der Einführung des Euro Anfang 2002, ziemlich hart. Erst 2004 – Griechenland wurde in diesem Jahr überraschend Fußball-Europameister – war der Wendepunkt erreicht. Inzwischen hat es sich überall herumgesprochen, dass man in der schön gelegenen Villa hervorragend essen kann.

Zum Beispiel Melitzana Kavouria, mit Flusskrebsen gefüllte Aubergine aus dem Ofen mit Tomaten-Basilikum-Sauce, oder Soupa Kastana, Kastanien-Apfel-Cremesuppe mit Ingwer. Frische Mittelmeerfische werden meist ganz schlicht mit Kräutern gegrillt, schon die exzellente Produktqualität sorgt für Begeisterung am Tisch. Nicht nur

zu Ostern gibt es Zicklein aus dem Ofen, das zuvor zwei Tage lang in einer Marinade aus Olivenöl, Weißwein, Zitrone, Knoblauch sowie Thymian und Rosmarin eingelegt wurde.

Das Ergebnis schmeckt ohne jede Einschränkung köstlich. Die Zubereitungen sind frisch und leicht, gut verträglich und im besten Sinne authentisch.

Auch die Weine sind höchst bemerkenswert, mit dem allfälligen Retsina haben sie nichts zu tun. Dank der direkten Zusammenarbeit mit etlichen griechischen Spitzen-Winzern ist Georgios Savvidis in der Lage, einige prächtige Weine anzubieten, die unter Kennern sehr geschätzt sind.

Neben dem eigentlichen Restaurant gibt es auch einen Wintergarten sowie eine Sommerterrasse, die beide sehr beliebt sind. Man merkt, dass sich die Gäste – auch die Kinder übrigens – überaus wohlfühlen im „Pikilia". An den Wänden hängen Fotos griechischer Ikonen wie Melina Mercouri, Maria Callas und Mikis Theodorakis, auch Onassis ist vertreten.

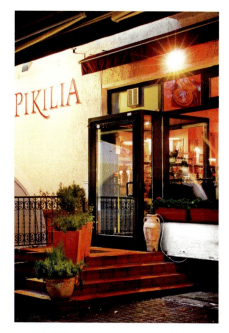

Dessen Geldbeutel braucht es jedoch bestimmt nicht, um hier einen angenehmen Abend zu verbringen.

| Adresse: | Pikilia
Spanische Allee 72
14129 Berlin | Telefon:
Internet:
Mail: | 030 / 80 58 82 07
www.pikilia.de
info@pikilia.de | Öffnungszeiten: | Mo. bis Fr. 16 – 24 h
am Wochenende 12 – 24 h |

Villa Borbone

Dahlem ist, da verrät man kein Geheimnis, ein zwar schön gelegenes, aber auch etwas verschlafenes Viertel, in dem fast ausschließlich gut betuchte Berliner in meist prächtigen Villen zu Hause sind. Anziehungspunkte sind der Botanische Garten (der genau genommen schon seit 1920, der Gründung von Groß-Berlin, zu Lichterfelde gehört), das Völkerkunde- und das Alliiertenmuseum sowie die Domäne Dahlem, ein ökologisch ausgerichtetes agrarisches Freilichtmuseum, an dem auch Kinder ihren Spaß haben. Außerdem haben in Dahlem die Freie Universität und zahlreiche wissenschaftliche Einrichtungen wie etwa das Max-Planck-Institut ihren Sitz. Der U-Bahnhof Dahlem-Dorf, ein schmuckes, reetgedecktes Fachwerkhaus im norddeutschen Stil, wurde in Japan als schönster U-Bahnhof Europas ausgezeichnet.

Gastronomisch ist Dahlem eher unauffällig. Umso heller strahlt der Stern der Villa Borbone, die nach einem

alten florentinischen Adelsgeschlecht benannt ist. Hier wird originäre italienische Landhausküche nach traditionellen Rezepten serviert. In der denkmalgeschützten Holzvilla, die von der Straße zurückgesetzt in einem großen Garten liegt, fühlt man sich sofort heimisch und gut aufgehoben. Es ist der freundliche, ja herzliche Empfang, der dazu beiträgt, die dicken Holzbalken und der Terrakottaboden, bei kühlen Temperaturen auch das prasselnde Kaminfeuer, nicht zuletzt die verführerischen Gerüche, die ein gutes Essen ahnen lassen.

So kommt es auch. Die Oliven als Appetizer sind von allererster Qualität, die Graupensuppe widerlegt jedes Vorurteil gegen dieses ursprüngliche Armeleutegericht, die Sauce zum Carpaccio wird am Tisch montiert und könnte nicht besser sein. In diesem Stil geht es weiter: Gebratener Pulpo auf Zucchinibett, wundervoll luftige Gnocchi mit Lammragout und Tomatencreme, und hart ist es, sich zwischen einer perfekt gegrillten, saftigen Goldbrasse und einem in Sherry marinierten, auf den Punkt gebratenen Rinderfilet entscheiden zu müssen.

Eine Spezialität des Hauses, die man sonst wohl nirgendwo bekommt, sind die „Beschwipsten Kartoffeln", eine originelle Nachspeise, die ebenfalls vor den Augen des Gastes zubereitet wird. Dazu werden fein gehobelte Kartoffelscheiben in Butter und Zucker angeschwenkt und mit Apfelsaft begossen, Orangenzesten werden hinzugegeben und vier verschiedene Alkoholika. Das Ganze wird leicht eingekocht und mit einer Kugel Vanilleeis heiß serviert. Schon allein dafür lohnt das Wiederkommen.

Adresse:	Villa Borbone	Telefon:	030 / 48 81 20 81	Internet:	www.villa-borbone.de
	Königin-Luise-Straße 87	Telefax:	030 / 48 81 20 83	Mail:	kontakt@villa-borbone.de
	14195 Berlin				

Der Hofladen

Bioläden haben oft noch ein schwieriges Image: Ihre Produkte seien gesund, heißt es, doch sie schmeckten nicht immer. Schrumpeliges Obst und Gemüse helfen auch nicht gerade, diese Vorurteile abzubauen.

Beim „Hofladen" ist das alles anders. Dies liegt zum einen am Engagement der beiden jungen Inhaber, zum zweiten am ausgetüftelten System der Direktvermarktung, das den Großhandel ergänzt und eine ständige Frische der Produkte garantiert. Daniel Mayer ist das „Gesicht" des Ladens. Bei den Recherchen für seine Diplomarbeit über Bio-Siegel taten er und der Landwirt Florian Eistert sich zusammen und entwickelten ein Konzept, das ihren Laden zu etwas Besonderem macht.

Nachmittags kommt Florian Eistert mit der Tagesernte vom Jugendhof Brandenburg, wo schwer erziehbare Jugendliche beschäftigt und in die Arbeitswelt eingegliedert werden, und füllt die Obst- und Gemüseregale mit wirklich frischer Ware, ohne den üblichen Umweg über den Großmarkt. Die finanzielle Ersparnis wird an die Kunden weiter gegeben. Fleisch wird von kleinen Erzeugern geliefert, die ihre Tiere nach ökologischen Prinzipien aufziehen. Es kommt direkt aus der Schlachtung und ist immer etwas Besonderes, ein Festessen, das auch als solches geschätzt werden sollte: Mal vom Deutschen Sattelschwein, mal von Ziege oder Lamm. Der Geschmack ist Welten von jenem der Supermarktware entfernt.

Über die Frischware hinaus bietet „Der Hofladen" eine ganze Palette an Lebensmitteln, die vor allem ein Kriterium erfüllen müssen: Sie müssen gut schmecken. Daniel Mayer und Florian Eistert gehören dabei keineswegs der

der hofladen

ideologisch festgelegten Hardcore-Fraktion an, die so häufig in der Bio-Szene anzutreffen ist. Ihre Käsetheke ist gigantisch, Mehl aus vielerlei Getreidesorten wird nicht nur in der Vollkornversion, sondern in verschiedenen Ausmahlungsgraden angeboten.

Erfahren die beiden von einem außergewöhnlichen Bio-Produkt, so wird es bestellt und erst einmal selbst ausprobiert, bevor sie es ins Sortiment aufnehmen. Den Lieferanten ihres Obstlers, der nach den Richtlinien des ökologischen Landbaus produziert wird, haben sie beim Skifahren in Osttirol kennengelernt, außerdem haben sie auch einige echte Spitzenweine im Angebot. In Planung ist übrigens ein Bistrobereich mit selbst zubereiteten Speisen, die vor allem eines machen: Appetit.

Adresse:	Der Hofladen Hohenzollerndamm 136 14199 Berlin	**Telefon:** **Telefax:** **Mail:**	030 / 82 36 96 030 / 82 71 94 39 info@natuerlicheistert.de	**Öffnungszeiten:**	Mo. bis Fr. 8 – 20 h Sa. 8 – 16 h

Conditorei Jebens

Es gibt eine sehr deutsche Tradition von Kaffee und Kuchen, die von bestimmten, eigentlich nur recht wenigen Cafés noch hingebungsvoll gepflegt wird. Von den hippen, international ausgerichteten Coffee Shops, die sich in den Zentren der großen Städte ganz gezielt an ein junges Publikum wenden, unterscheiden sie sich grundlegend: in Atmosphäre und Anmutung ebenso wie in ihren Produkten. Solche Cafés mögen auf gewisse Weise altmodisch sein, doch ist gerade dies eine Qualität, die sie besonders liebenswert macht.

Die Wurzeln der „Conditorei Jebens" reichen zurück bis ins Jahr 1769, als sie in Friedrichstadt bei Husum gegründet wurde. Noch heute ist sie im Familienbesitz, derzeit geführt wird sie von Claudia Jebens. 1972 siedelte sich der Betrieb in Berlin neu an, in einem schönen Eckhaus gleich neben dem S-Bahnhof Hohenzollerndamm. Es ist keine Laufgegend, nur wenige Schritte entfernt befinden sich Autobahnauf- und -abfahrt. Der Vorteil dieser Lage: Die Conditorei (auf die altertümliche Schreibweise legt Familie Jebens großen Wert) ist sowohl per S-Bahn wie auch mit dem Auto leicht zu erreichen.

Und die Kunden kommen, denn die „Conditorei Jebens" – als Inkarnation eines deutschen Kaffeehauses – ist bekannt, bis nach Japan sogar, denn mehrfach hat das japanische Fernsehen hier schon gedreht. Vor allem die handwerklich meisterhaft hergestellten Produkte sind es, die diesen fulminanten Ruf begründen. Spezialitäten sind der Mohn- und Mandelstollen und die Schwarzwälder Kirschtorte (die bei einem Test unter Berliner Erzeugnissen mit als Sieger hervorging), der ungemein saftige Apfelstrudel und der Honigkuchen. Dieser besteht – neben Lebkuchengewürzen und Weizenmehl – aus reinem Bienenhonig, er wird im Juli angesetzt und zieht dann bis November, wenn die Weihnachtssaison beginnt. Auf diese

Weise entwickelt er einen unnachahmlichen, intensiven Geschmack.

Alles wird selbst in der Backstube hergestellt. Auch Brot gehört dazu, besonders hervorzuheben sind das Dinkelbrot und ein herzhaftes Roggenmischbrot mit gerissener Kruste. Mittags gibt es eine wöchentlich wechselnde Auswahl kleinerer Mahlzeiten.

Die „Conditorei Jebens" ist ein auch in gesellschaftlichen Belangen sehr engagierter Betrieb, der sich an Hilfsprojekten wie „Backen für Haiti" sowie dem Kids Club von Hertha BSC beteiligt. Zu Weihnachten werden Schulkinder eingeladen, die dann unter Anleitung selbst Kekse backen dürfen, und natürlich wird auch Nachwuchs ausgebildet. Die Tradition wird weitergeführt.

Adresse:	Conditorei Jebens	**Telefon:**	0 30 / 8 73 16 21	**Internet:**	www.conditorei-jebens.de
		Telefon:	0 30 / 86 42 42 38	**Mail:**	info@conditorei-jebens.de
	Hohenzollerndamm 47 A			**Öffnungszeiten:**	Mo. bis Fr. 5.30 – 18 h
	10713 Berlin				Sa. 7 – 15 h, So. 8 – 18 h

Fleischerei Bünger

Wer einmal in der „Fleischerei Bünger" eingekauft hat, dürfte – das kann man ohne Übertreibung sagen – den Metzger seines Vertrauens gefunden haben. Nicht ohne Grund fahren viele Kunden regelmäßig auch aus weit entfernten Berliner Bezirken in die Westfälische Straße am oberen Ende des Kudamms, um dort Fleisch- und Wurstwaren der absoluten Spitzenklasse zu erstehen.

Man schmeckt den Unterschied. Nicht nur, dass das Angebot über die Maßen appetitlich angerichtet und die Bedienung ausgesprochen freundlich ist – täglich werden die selbstproduzierten Waren frisch hergestellt: Die Würste und Fonds, die Marinaden und Salate, der täglich wechselnde Mittagstisch ohnehin.

Die Geschichte der Fleischerei reicht zurück bis ins 19. Jahrhundert, sie ist mithin ein richtiges Berliner Traditionsgeschäft, wie es so viele nicht mehr gibt. 1996 übernahm sie der heutige Besitzer Jens-Uwe Bünger. Er hat von Anfang an kompromisslos auf Qualität gesetzt, alles andere hätte auch seinem Selbstverständnis nicht entsprochen. Er wollte der Beste sein, und er hat es geschafft.

Sein Fleisch bezieht er von „Neuland", das ist der „dritte Weg" zwischen konventioneller Tierhaltung und Bio: Die Tiere werden auf Stroh gehalten, sie haben Tageslicht im Stall, viel Platz und regelmäßigen Auslauf. Sie erhalten nur heimische, natürliche Futtermittel, die ohne Zusatz von Gentechnik und Antibiotika auskommen.

Der Kunde hat dadurch nicht nur ein besseres Gefühl – das Fleisch besitzt auch einen völlig anderen Geschmack als die übliche Massenware.

Was hinzu kommt: Das Fleisch wird erst dann verkauft, wenn es den perfekten Reifegrad erreicht hat. In einem Schauschrank hängen die sorgfältig parierten Stücke von Lamm, Schwein und Rind, das Kalbfleisch ist nicht so ungesund hell wie gewohnt, sondern zeigt einen kräftigen Farbton, und gefroren war hier nie etwas. Geflügel kommt aus dem Städtchen Loué an der Loire, am Wochenende gibt es außerdem noch tagesfrischen Fisch in Sushiqualität.

Eine Spezialität von Bünger ist die vielfach prämierte Auswahl von Bratwürsten, die weit über das Sortiment aus Thüringer, Fränkischer und Berliner Grobe hinausgeht. Da gibt es exquisite Kreationen wie Alpenbratwurst (mit einer Mischung aus frischen Kräutern), Trüffelbratwurst und die exotisch-scharfe Thai-Chili-Lemon-Bratwurst – keine von ihnen wird man je woanders finden.

Adresse:	Fleischerei Bünger	Telefon:	030 / 8 91 64 32	Öffnungszeiten:	Mo. bis Fr. 8.30 – 18.30 h
	Westfälische Straße 53	Internet:	www.fleischerei-buenger.de		Sa. 8 – 13.30 h
	10711 Berlin	Mail:	info@fleischerei-buenger.de		

La cave de Bacchus

Gérard Degouy stammt aus Langres, einer kleinen Stadt am Rand der Champagne, wo auch ein vorzüglicher Käse hergestellt wird. Die typisch französische Lebensphilosophie von gutem Essen und guten Weinen war ihm gleichsam in die Wiege gelegt: Sein Vater war Metzger und betrieb in einem kleinen Kurort bei Langres einen Delikatessenladen. Nur folgerichtig ist es, dass Degouy sein Weingeschäft als ein authentisches Stück Frankreich eingerichtet hat, in dem sich jeder sofort heimisch fühlt, der einen Sinn für die feinen Genüsse speziell der französischen Lebensart besitzt. Historische Emailschilder zieren den Laden und eine von dem provençalischen Dichter Marcel Pagnol inspirierte Barszene mit vier Kartenspielern aus Ton. In einer klimatisierten Käsetheke lagert eine kleine, feine Auswahl, die Degouy wöchentlich selbst importiert.

Die Hauptrolle jedoch spielt der Wein. Die deckenhohen Holzregale sind mit Hunderten von Weinflaschen aus fast allen französischen Appellationen bestückt. Neben Traditionsweingütern sind auch viele junge Winzer hier vertreten, die neue Wege gehen. Die Entwicklung in der Weinherstellung vollzieht sich mitunter ja in einem Tempo, wie es vor wenigen Jahrzehnten noch undenkbar schien. Generell hat sich die Qualität deutlich verbessert.

1979 eröffnet und seit 1985 in der Westfälischen Straße beheimatet, ist „La cave de Bacchus" mittlerweile die älteste französische Weinhandlung Berlins. Inzwischen kaufen bereits die erwachsenen Kinder der ersten Kunden hier ein. Degouy und seine beiden langjährigen Mitarbeiter Christophe Lapouthe und Philip Schaffgotsch sind profunde Kenner ihres Metiers. Sie nehmen sich Zeit für jede Beratung, die Kunst des Weingenusses und die rechte Auswahl der edlen Tropfen verträgt keine Eile.

la cave de bacchus

Gérard Degouys Liebe und Leidenschaft gehören vor allem dem legendären und einzigartigen Erzeugnis seiner Heimat, dem Champagner. Hier bietet er eine Auswahl, die ihresgleichen sucht. In einem reich verzierten antiken Schrank lagern die Kostbarkeiten. Neben den großen bekannten Namen hat Gérard Degouy auch zwei Winzer-Champagner im Programm, Jean Vesselle aus Bouzy und Maison Bonnaire aus Cramant. Beide verfügen über Cru-Lagen und bieten ein hervorragendes Preis-/Genussverhältnis. Es überrascht denn auch nicht, dass Degouy Mitglied der exklusiven Bruderschaft „Confrèrie du Sabre d'Or" ist, in die nur die besten Sommeliers, Winzer, Weinhändler und Weinkenner Aufnahme finden.

Adresse:	La cave de Bacchus	**Telefon:**	030 / 8 92 20 23	**Öffnungszeiten:**	Mo. bis Fr. 10 – 19 h
	Westfälische Straße 33	**Internet:**	www.weinhandlung-bacchus.de		Sa. 10 – 14 h
	10709 Berlin	**Mail:**	la-cave-de-bacchus@freenet.de		

Rachels Genusswelten

Werden hochberühmte Spitzenköche gefragt, was sie denn am liebsten privat, für sich selbst und ihre Familie kochen, so nennen sie fast immer einfache Gerichte, die im Grunde jeder zubereiten kann. Selbstverständlich für sie ist jedoch, dass die Grundprodukte, die sie verwenden, von allererster Qualität sind, und da fängt das Problem für den Normalverbraucher meist an, denn solche Spitzenware ist nicht einfach zu bekommen.

Was Obst und Gemüse betrifft, gibt es eine Adresse, zu der auch von weither zu fahren sich unbedingt lohnt: „Rachels Genusswelten". In dem von Andrea Schneider geführten, von paradiesischer Fülle überquellenden Geschäft – einer Berliner Institution seit bereits über 50 Jahren, dessen neuer Name an die 2009 verstorbene Rachel Wrzosowicz erinnert, die den Laden erst zu dem gemacht hat, was er heute ist – werden sage und schreibe 15 Kartoffelsorten angeboten (von der Vitelotte über den Blauen Schweden und Bamberger Hörnchen bis zur Opaline, um nur vier herauszugreifen).

Alte, schon fast in Vergessenheit geratene und fantastisch schmeckende Apfel- und Tomatensorten (darunter die unvergleichliche Dulcita) sind hier zu finden, Exoten wie wild wachsender Muskatkürbis aus Brasilien, Physalis, Kokosnüsse und faserfreie Mangos, süße Zwiebeln aus Frankreich oder Oxhela, eine im Wendland neu gezüchtete Möhre in Bio-Qualität, die wesentlich kräftiger und intensiver als alle bisher bekannten Sorten schmeckt.

Gelbe Papptäfelchen informieren akribisch und in lockerem Plauderton über jedes einzelne Produkt im Laden: Woher es kommt, wie es zu behandeln und zuzubereiten ist, wie es schmeckt.

Über die Goldparmäne etwa, einen Apfel, heißt es, dass er „von altem französischem Adel" sei und ein „nussartiges Aroma, süß mit angenehmer Säure" besitze. Von der Topinambur (auch Jerusalem-Artischocke genannt) erfahren wir, dass sie in vorkolumbianischer Zeit von Indianern kultiviert und von französischen Auswanderern, die dank ihrer vor dem Hungertod gerettet wurden, Anfang des 17. Jahrhunderts nach Europa geschickt wurde. Pastinaken werden als „Viagra des Mittelalters" bezeichnet, das alten Quellen zufolge gegen „Schwermut, Schlaf- und Appetitlosigkeit, Blähungen und Zahnschmerzen" hilft.

In den Laden integriert ist ein kleiner Imbiss, in dem – täglich frisch – selbst hergestellte Kleinigkeiten angeboten werden: Eingelegte Tomaten und Oliven etwa, Petersilien- und Linsensalat oder Handkäs' mit Musik, im Sommer kalte Gurkensuppe und Gazpacho, Kartoffel- und Kürbiscremesuppe im Winter. Zu trinken gibt es frisch gepresste Säfte.

Viele der Kunden sind im Lauf der Jahre gute Bekannte geworden. Von allem darf gerne genascht werden, Rezepte gibt's umsonst und wer allzu schwer bepackt ist, dem trägt Piero de Carlo, neben Andrea Schneider der gute Geist des Ladens, auch schon mal die Tüten zum Auto – all dies ein Ausdruck jener Großzügigkeit und Herzenswärme, die bei „Rachels Genusswelten" einfach dazugehören.

Adresse:	Rachels Genusswelten ehemals „Krohn – Die ganze Welt der Früchte" Westfälische Straße 32 10709 Berlin	Telefon:	030 / 8 91 12 42
		Telefax:	030 / 4 95 54 73
		Mail:	rachel.w@berlin.de

Markt pur

Von Haus aus ist Michael Zins Software-Entwickler. Netzwerke herzustellen, Verbindungen zu schaffen zwischen Menschen mit gleichen Interessen, war schon immer das, was ihn am meisten interessierte. Was er früher auf virtueller Ebene tat, hat er – gemeinsam mit seiner Frau Christel Jokisch – mit „Markt pur" ins wahre Leben überführt. Der anheimelnde Raum in der unteren Westfälischen Straße ist kommunikativer Treffpunkt für Menschen aus der Nachbarschaft, Wohnzimmer und Delikatessengeschäft in einem.

In hohen Holzregalen an den Wänden stapeln sich ausgesuchte Produkte, die Michael Zins und Christel Jokisch persönlich entdeckt haben und auch selbst zu Hause verwenden. Wurst kommt von kleinen Familienbetrieben aus der Schorfheide, ebenso Honig und Apfel- oder Quittensaft. Die meisten Delikatessen werden jedoch selbst hergestellt: Von delikater Ententerrine, Rillettes und Chutneys über herzhaftes Griebenschmalz sowie süße und salzige Strudel bis zu Käsetorte, Marmorkuchen und mit frischem Obst belegten Tartes.

Jeden Mittag, wenn Ärzte, Anwälte und Sekretärinnen aus den umliegenden Büros kommen oder Schauspieler von der nahen Schaubühne, gibt es eine kleine Auswahl von leckeren Speisen, jeden Tag etwas anderes: Suppe oder Nudeln mit Gemüse auf jeden Fall, manchmal auch Kartoffeln mit Leinöl, Frankfurter Grüne Soße, vielleicht auch marinierten Tafelspitz, Quiche Lorraine oder „Herrengröscht'l" (das sind Bratkartoffeln mit aufgebratenem Fleisch). Ein Großteil der deutschen Spezialitätenlandschaft ist hier vertreten.

Gerade zwölf Plätze an massiven Holztischen fasst der Raum und fast immer ist jemand da, der in aller Ruhe Cappuccino trinkt und Zeitung liest oder mit dem man locker ins Gespräch kommt. An den Wänden hängt Kunst, antike Waagen stehen da und eine unglaubliche Sammlung ausgefallener Dinge. Es ist diese Vielfalt, die den besonderen Charme von „Markt pur" ausmacht.

Daneben betreiben Michael Zins und Christel Jokisch ein Cateringgeschäft, dessen Angebot vom Geburtstagskuchen über die professionell ausgestattete Feier zu Hause bis zum Barbecue im Garten reicht. Und wenn der zu klein ist: Christel Jokisch ist die Gastronomin des International Club Berlin, dem Nachfolger des ehemaligen britischen Offiziersclubs in der Thüringer Allee. Dort ist Platz auch für die großen Bankette.

Adresse:	Markt pur	**Telefon:**	030 / 89 00 66 17
	Westfälische Straße 27	**Internet:**	www.marktpur.de
	10709 Berlin	**Öffnungszeiten:**	Mo. bis Sa. geöffnet

King's Teagarden

Werner F.J. Schmitt ist ausgewiesener Teefachmann. Nicht um das banale Heißgetränk geht es, welches als Etikettenschwindel unwissenden Konsumenten so oft dargereicht wird, sondern um den echten, wahren, hochwertigen, klassischen Tee. Eines der subtilsten und traditionsreichsten Getränke überhaupt.

Vor seinem Fachgeschäft am Kurfürstendamm, das er seit mittlerweile drei Jahrzehnten führt, steht er lächelnd als lebensgroße Pappfigur und weist einladend zur Tür. Es ist der Eingang in eine ganz eigene, faszinierende Welt.

Ihm kommen nur klassische Spitzentees in die Kanne, keine Allerweltsqualitäten und schon gar keine Modeerzeugnisse wie Kräuter-, Früchte- oder andere Pseudotees. Nur absolut frische Ware steht bei ihm zum Verkauf, die keinerlei Aromaverluste durch zu lange Lagerung erlitten hat. Beim Transport aus der Dritten Welt an den Kurfürstendamm wird der Tee zudem durch eine Spezialverbundfolie geschützt, die den kostbaren Duft bewahrt. Deswegen riecht es in „King's Teagarden" auch nicht nach Tee.

Schmitt teilt sein Wissen gern. Dass Tee keinesfalls warm gehalten werden darf, erfährt man etwa von ihm, weil sonst der Alterungsprozess beschleunigt wird. Stövchen sind überflüssig. Und dass eine bestimmte Menge Zucker das feine Aroma verstärkt. Den unzähligen Teeliebhabern, die ebenfalls Tee verkaufen, ist Schmitt durch seine hohe Kompetenz voraus. Er ist Autor eines Standardwerks über Tee.

Über 300 Tees aus den qualitativ besten Teegärten der Welt umfasst das Sortiment, und alle kann man sofort

bei ihm kosten. Dies ist sein Prinzip, ein Teil seiner Überzeugungsarbeit. Er hat eine Vielzahl eigenständiger Mischungen kreiert, die nach berühmten Persönlichkeiten der Weltgeschichte wie Sokrates, Cäsar, Herodes, Beethoven, Mahatma Gandhi oder Adenauer benannt sind. Mit dem weltweit einzigartigen elektronischen Teeblender kann sich jeder Kunde überdies seine ganz persönliche Mischung herstellen lassen.

Werner F.J. Schmitt hat sich ganz dem Tee verschrieben, da macht ihm niemand etwas vor. Wem er eine Tasse anbietet, lernt immer etwas dazu. Seit 1980 veranstaltet er regelmäßig Teeseminare in seiner „University of Tea", dem Degustationsraum von „King's Teagarden". Voranmeldung ist angesagt.

Adresse:	King's Teagarden	Telefon:	030 / 88 37 0 59	Internet:	www.kingsteagarden.de
	Kurfürstendamm 66	Telefax:	030 / 32 23 19 2	Mail:	info@kingsteagarden.de
	10707 Berlin			Öffnungszeiten:	Mo. bis Sa. 10 – 19 h

Bier's Kudamm 195

Mit kulinarischen Spezialitäten hat Berlin die Welt bisher noch kaum je beschenkt. Was auf den Tisch kam, blieb aus gutem Grund auf die Region beschränkt und fand sich andernorts allenfalls als Kuriosität auf der Speisekarte wieder. Mit einer Ausnahme indes, die einen Siegeszug ohnegleichen hinter sich hat: der Currywurst. Nach dem Zweiten Weltkrieg, zu Zeiten der Mangelwirtschaft aus der Not heraus erfunden, galt sie als das „Steak des kleinen Mannes". Sie avancierte schnell zu einem allseits beliebten Klassiker.

Dabei gibt es durchaus Unterschiede. Beim Berliner Original handelt es sich um eine kross gebratene oder auch frittierte Brühwurst (wahlweise mit oder ohne Darm), die in grobe Stücke geschnitten und mit einer dunkelroten Sauce übergossen wird. Deren Zusammensetzung ist das eigentliche Geheimnis, das eine gute von einer sehr guten Currywurst unterscheidet. Enthalten sind – soviel immerhin ist bekannt – passierte Tomaten oder Tomatenmark, Wasser, Currypulver, edelsüße und rosenscharfe Paprika, Worcestersauce und Zucker. Was sonst noch drin ist, wird kein Currywurstverkäufer je verraten.

Daher besitzt jede Wurst und insbesondere jede Sauce ihren ganz eigenen, unverwechselbaren Geschmack. In Berlin, wo 2009 sogar ein Currywurstmuseum eröffnet wurde, gibt es seit jeher heftige Diskussionen, welche Wurst die beste ist. Alle Currywurstliebhaber sind sich jedoch einig, wenn es um den Imbiss von Klaus-Peter und Gregor Bier am Kudamm 195 geht. Der ist seit über 40 Jahren Kult.

Mit seiner Kamera hielt Klaus-Peter Bier 1961 jene dramatischen Ereignisse fest, als die Berliner Mauer gebaut wurde. Seine Bilder gingen um die Welt. Mitte der sechziger Jahre dann packte ihn der Ehrgeiz, die beste Currywurst der Stadt anzubieten. Seine einsehbare Küche war damals etwas radikal Neues, die hohe Qualität und absolute Frische seiner Ware ebenfalls. Der Erfolg war fast zwangsläufig. Längst ist sein Imbiss, den er mit seinem Sohn Gregor führt, eine feste Institution am Kudamm. Nach wie vor werden die Würste eigens für ihn hergestellt, ebenso die beiden Saucen (eine „normale", eine extrascharfe). Unverzichtbar zur Currywurst sind knusprige „Pommes mit Mayo". Dann ist die Welt in Ordnung.

Fast rund um die Uhr ist „Bier's" ein kultiger Treffpunkt. Hier vibriert das pralle Leben, wenn der restliche Kudamm schläft. Bis zum frühen Morgen kommen Nachtschwärmer – unter ihnen viele Promis – zum Absacken. Sie entspannen sich bei Flipper und Tischfußball, essen Currywurst, Bulette oder Fleischspieß und trinken, wenn sie guter Stimmung sind, Champagner dazu. Das wahre Berlin – hier kann man es finden.

Adresse:	Bier's Kudamm 195	Telefon:	0 30 / 88 18 9 42
	Kurfürstendamm 195	Mail:	kudamm195@aol.com
	10707 Berlin	Öffnungszeiten:	Mo. bis Sa. geöffnet

Marjellchen

Ostpreußen ist heute ein fernes, vergangenes Land, von dessen ursprünglichem Charakter die Verheerungen des Krieges kaum etwas übrig gelassen haben – „das Land der Haffe und Seen, der Nehrungen und der kalten Winter", wie es Ramona Azzaro poetisch beschreibt. Sie ist zwar in Rom geboren, doch ihre Großmutter stammte aus Ostpreußen und hat ihr viele schöne, wehmütige Erinnerungen an ihre Heimat hinterlassen. Darunter viele Rezepte, die heute kaum noch einer kennt.

Im „Marjellchen" wird nach ihnen gekocht, es ist das einzige Restaurant Berlins, in dem noch authentische Küche aus den ehemals deutschen Gebieten Ost- und Westpreußen, Pommern und Schlesien aufgetischt wird. Ramona Azzaro betreibt das „Marjellchen" – auf ostpreußisch bedeutet dies „Mädchen" – mit nie nachlassendem Enthusiasmus seit nunmehr 25 Jahren. Es dürfte eines der wenigen Restaurants sein, in dem die Tatsache, dass sich die Küche über Jahrzehnte kein bisschen ändert, ein Ausweis unbeirrbarer und beständiger Qualität ist.

Es handelt sich, ohne Zweifel, eine recht deftige Küche, die in deutlichem Kontrast zur allfälligen modernen Leichtigkeit steht. Jedoch besitzt sie unbedingt ihre Reize. Man isst genauso wie vor achtzig, hundert Jahren, hier ist nichts verwässert oder verschlimmbessert, jedes Rezept ist original: Schmandschinken etwa, das

sind mild geräucherte Scheiben von rohem Landschinken, die in Milch eingelegt, dann in Butter geschwenkt und mit saurer Sahne übergossen werden (dazu gibt's Pellkartoffeln und Gurkensalat), Masurischer Wildpfeffer mit Waldpilzen und Kartoffelklößen, Königsberger Klopse mit Rote-Beete-

Salat selbstverständlich (der Klassiker schlechthin) oder Falscher Gänsebraten, also geschmorte Schweinerippchen, die mit Backpflaumen, Äpfeln und geriebenem Schwarzbrot gefüllt sind. Natürlich wollen solche Gerichte verdaut zu werden. Dabei helfen etwa „Bärenfang", das ostpreußische Nationalgetränk, oder Original Danziger Goldwasser.

Das „Marjellchen" ist wie aus der Zeit gefallen, das macht es so sympathisch. An den Wänden hängen historische Fotos und Urkunden, im Hintergrund singt Zarah Leander „Davon geht die Welt nicht unter" und „Ich weiß, es wird einmal ein Wunder gescheh'n". Dass es das „Marjellchen" in dieser schnelllebigen Zeit immer noch gibt, ist in der Tat ein kleines Wunder.

Adresse: Marjellchen Mommsenstraße 9 10629 Berlin	**Telefon:** 030 / 88 32 676 **Telefax:** 030 / 88 72 98 90 **Internet:** www.marjellchen-berlin.de	**Öffnungszeiten:** täglich ab 17 h	

Pesto Dealer Berlin

In seiner klassischen Form ist Pesto eine Sauce aus frischen, zerstampften Basilikumblättern, angerösteten Pinienkernen, Olivenöl, Parmesan und Knoblauch. Eine feine Sache, wenn die Zutaten von bester Qualität sind. Man mischt das Pesto unter frisch gekochte Nudeln und hat schnell ein einfaches, aber wohlschmeckendes Essen auf dem Tisch. Es ist ein italienischer Klassiker.

Nun sind die meisten industriell hergestellten, konservierten Pestos jedoch schlichtweg ungenießbar. Daniela Herzig und Kirsten Remstädt stellten dies vor einigen Jahren fest. Kurz entschlossen mixten sie ihr eigenes Pesto, tischten es Freunden zum Abendessen auf und stießen auf helle Begeisterung. Sie experimentierten ein wenig herum, die Sache machte ihnen Spaß, mit ihren Erzeugnissen stellten sie sich auf den Wochenmarkt am Kollwitzplatz – und hatten so rasch Erfolg, dass sie es kaum glauben mochten.

Ihren erlernten Berufen gingen sie zwar weiterhin nach – Daniela Herzig arbeitet als Unternehmensberaterin für verschiedene Non-Profit-Organisationen, Kirsten Remstädt als Marken- und Marketingberaterin –, doch ein zweites Standbein, das war schon recht. So entstand „Pesto Dealer Berlin", ein durchaus origineller Name, der sich einprägt. Den kleinen Laden in der Goethestraße renovierten sie selbst, immerhin drei Mal in der Woche haben sie inzwischen geöffnet. Auf dem Wochenmarkt sind sie nach wie vor zu finden.

Ihre Pesto-Palette haben die beiden sympathischen Quereinsteigerinnen längst stark ausgeweitet. Neben klassischen Geschmacksrichtungen wie „Pino Basilico", „Pomodoro Rucola" und „Rucola Cashew" gibt es Exoten wie „Dubai Prezzemolo" (hergestellt aus frischer Petersilie, Sonnenblumenöl, Cumin, Kardamon, Zimt, süßem sowie scharfem Chili, Meersalz und Pfeffer),

„Thai Koriander", „Zitronen Melisse" oder „Bombay Prezzemolo". Kein Pesto enthält Konservierungsstoffe, alle werden in Handarbeit selbst hergestellt. Ein Dutzend Sorten, öfter wechselnd, sind gewöhnlich im Angebot.

Da man von Pesto allein dann doch nicht leben kann, haben Kirsten Remstädt und Daniela Herzig auch allerlei feine Essige, Öle und Weine sowie Pasta und Risotto ins Sortiment aufgenommen. Und zweimal im Monat laden die beiden ein zu einer kulinarischen Pesto-Reise um die Welt. Maximal einem Dutzend Gästen servieren sie ein formidables Sechs-Gänge-Menü mit passenden Weinen dazu, mit dem sie beweisen, dass Pesto zu weit mehr taugt, als nur mit Nudeln vermählt zu werden. Was serviert wird? Man lasse sich überraschen.

Adresse:	Pesto Dealer Berlin	**Telefon:**	0178 / 559 8510	**Öffnungszeiten:**	Do. und Fr. 11 – 19 h
	Goethestraße 34	**Internet:**	www.pestodealerberlin.de		Sa. 10 – 17 h
	10625 Berlin	**Mail:**	info@pestodealerberlin.de		Kollwitzmarkt jeden Sa. 10 – 17 h

Weinhandlung Cava

Mitunter wird griechischer Wein immer noch allein mit Retsina oder Demestika gleichgesetzt. Dies stimmt indes schon lange nicht mehr. Mitte der Achtziger Jahre gab es einen höchst bemerkenswerten Qualitätsschub in Griechenland. Das Weingesetz wurde verschärft, die Anbaumenge beschränkt, ein System ähnlich der französischen Appellation d'Origine Contrôlée, also der kontrollierten Herkunftsbezeichnung, eingeführt. Für Qualitätsweine durften fortan nur noch bestimmte autochthone Rebsorten verwendet werden. Es fand ein Generationswechsel statt. Junge Winzer, die in Frankreich oder den USA Önologie studiert hatten, übernahmen viele Weingüter und achteten strikt auf Qualität.

Der Erfolg ließ nicht lange auf sich warten. Zwar gibt es in Griechenland heute immer noch – wie überall – gesichtslose Massenweine, doch immer mehr kleine, hoch ambitionierte Weingüter erzeugen edle Tropfen mit Charakter, die sich ohne weiteres mit den besten Erzeugnissen aller europäischen Anbaugebiete messen können.

Diese Weine führt Christos Tziolis in seinem wohlsortierten Geschäft, das er seit 1997 in einer etwas abgelegenen Straße in Charlottenburg betreibt. Der studierte Chemiker kennt sich aus in dem Metier. Er ist überall in Griechenland herumgefahren und hat sich die besten Winzer, die er finden konnte, als Lieferanten gesichert, von Amyndeon und Naoussa im Norden über Attika und die Peleponnes – dem größten Anbaugebiet – bis zu Kreta und Samos ganz im Süden.

Nicht umsonst wird sein Sortiment – das neben Wein auch Olivenöl, Honig, getrocknete Tomaten und andere mediterrane Lebensmittel umfasst – regelmäßig mit den verschiedensten Preisen ausgezeichnet. In Berlin gibt es kein anderes Geschäft, das eine solche Auswahl bietet: Über 200 griechische Weine aller Preiskategorien, von denen jeder einzelne sein Geld unbedingt wert ist. Auch griechische Restaurants – das exzellente „Pikilia" in Zehlendorf etwa – greifen gern auf dieses staunenswerte Angebot zurück.

Da die Weine noch nicht so bekannt sind wie andere europäische Lagen, ist das Preis-Leistungs-Verhältnis hervorragend. Man kann Entdeckungen machen, nicht weniger als 300 einheimische Rebsorten wachsen schließlich in Griechenland, wo in der Antike der Wein ein Kultursymbol darstellte und religiöse Verehrung genoss. Zu Ehren des Gottes Dionysos wurden Mysterienkulte abgehalten und rauschhafte Weinfeste gefeiert. Gäbe es sie heute noch – Christos Tziolis lieferte bestimmt den Wein dazu.

Adresse:	Weinhandlung Cava Schustehrusstraße 20 10585 Berlin	Telefon:	0 30 / 3 42 03 68	Internet:	www.symposio.com
		Telefax:	0 30 / 34 78 70 92	Mail:	cava-tziolis@symposio.com

Enoteca L'Angolino

Rund um den Savignyplatz war schon immer viel los, er ist einer der traditionsreichsten Orte des alten Berlin und auch heute einer der beliebtesten Szenetreffpunkte. Gerade in den vergangenen Jahren hat er sich enorm entwickelt. Er bildet inzwischen einen veritablen Gegenpol zu den trendigen Gegenden in Kreuzberg, Mitte und Prenzelberg, die in aller Munde sind.

Die Knesebeckstraße geht in beiden Richtungen vom Savignyplatz ab, zum Kudamm und zur Goethestraße hin. Sie ist gesäumt von kleinen Modegeschäften, Plattenläden, Buchhandlungen, Cafés, Hotels und Restaurants – eine sehr animierende Mischung. Es ist eine sehr urbane Straße, auf der das entsprechende Publikum entlang flaniert. Man merkt, hier ist alles gewachsen und nichts aus dem Boden gestampft, wie es in anderen Berliner Bezirken so oft der Fall ist. Die Knesebeckstraße besitzt eindeutig jene besondere Atmosphäre, die man als Flair bezeichnet.

„L'Angolino" bedeutet „kleine Ecke". Der Name rührt vom vormaligen Standort der Enoteca in der Charlottenburger Clausewitzstraße her, wo die Weinbar in der Tat in einem Eckraum untergebracht war. Damals diente sie als eine Art Nachbarschaftstreff und Hort kulinarischer Grundversorgung für ein gehobenes Publikum, in dem es kleine, wohlschmeckende Mahlzeiten, allerlei italienische Spezialitäten und vor allem eine stupende Auswahl von Weinen gab.

Dieses Konzept hat Daniele Bragato – ein ausgebildeter Konditor, der zusammen mit seinem Bruder Claudio auch das neue „Angolino" führt – an den neuen Standort mitgenommen. Viele seiner Kunden sind ihm hierher gefolgt. Der Raum ist größer, weswegen auch die Küche mehr Möglichkeiten hat. Es gibt jetzt ganze Menüs, mit denen Bragato den Wünschen seiner anspruchsvollen Gäste, die um den Savignyplatz eine reiche Auswahl der verschiedensten erstklassigen Restaurants besitzen, gerecht wird. Schwertfisch und Angusfilet stehen etwa auf der Karte, Venusmuscheln und Calameritti, und natürlich Pasta in vielerlei Ausformungen.

Neben dem großen Gastraum steht auch ein abgetrenntes, lauschiges Zimmer für geschlossene Gesellschaften zur Verfügung, wo besonders gern Weinproben abgehalten werden. Kistenweise stapeln sich hier die edlen Tropfen, italienischer Provenienz ausschließlich. Zuviel, sie alle aufzuzählen, am besten möge man probieren.

Adresse:	Enoteca L'Angolino	Telefon:	0 30 / 88 71 36 30
	Knesebeckstraße 92	Telefax:	0 30 / 88 00 17 11
	10623 Berlin	Mail:	d.bragato@freenet.de

Ottenthal

Die österreichische Küche ist derzeit in Mode in Berlin, allerorten eröffnen neue Restaurants, die behaupten, authentische Speisen aus dem Alpenland zu servieren. Dies trifft indes nicht immer zu. Mit Wiener Schnitzel ist es nicht getan, und auch bei diesem scheinbar einfachen Gericht bedarf es großer Könnerschaft.

Die kann man bei Arthur Schneller getrost voraussetzen. Er hat sein Restaurant nach dem kleinen Dorf benannt, aus dem er stammt. Es liegt in einem Weinbaugebiet westlich von Wien, direkt an der Donau. Er serviert originale österreichische Küche, die er allerdings deutlich verfeinert hat. Überwiegend kocht er ohne Mehl, fettreduziert und grundsätzlich ohne Glutamat, was seine Speisen überaus bekömmlich macht.

Nicht nur das: Sie schmecken geradezu verteufelt gut. Doch nicht allein Klassiker wie Wiener Schnitzel, Tafelspitz und Kaiserschmarren sind makellos: Mindestens genauso viel Interesse verdienen Schnellers selbst entwickelte Gerichte, deren Basis oft alte österreichische Rezepte sind und die er mit Wildkräutern aus dem Berliner Umland verfeinert.

Da trifft man etwa – je nach Saison – auf eine Suppe von jungen Brennnesseln mit hausgemachten Backerbsen, Eierschwammerlsülze wird mit Wildkräuterespuma und Chilikaramel kombiniert, die Bandnudeln kommen mit Wildkräuterpesto, Trüffeln und Grana. Immer gern bestellt und mit Freude verzehrt werden Lammwürstel mit

Letscho und Erdäpfelpüree, oder auch gebratene Kalbsleber auf Hollerreduktion. Ohne süßen Abschluss wäre ein österreichisches Essen unvollständig. Wer mal etwas Neues probieren will, sollte zum Beispiel die Somlauer Nockerln mit Vanille und Schokoladensauce und in Rosenwasser marinierten Erdbeeren bestellen.

Mit seiner Mannschaft macht Arthur Schneller fast alles selbst, von der Nudel bis zum Strudel. Dafür steht er auch den ganzen Tag in der Küche und abends am Herd: Man macht sich ja keine Vorstellung, wie aufwendig das alles ist. Verwendet wird größtenteils Bio-Ware, 100% kontrolliert und zertifiziert. Bei den Weinen zeigt sich Schneller bodenständig: Sie stammen ausnahmslos aus Österreich, viele aus der Gegend um Ottenthal.

Stolz ist Arthur Schneller auf eine alte Kirchturmuhr von 1895, ein Meisterwerk der Uhrmacherkunst, die einen Ehrenplatz im Restaurant innehat und die er selbst jeden Abend aufzieht. Sie besitzt ein kompliziertes Räderwerk, geht auf die Minute genau und ist mit ihrer Präzision ein schönes Symbol dafür, wie im „Ottenthal" gekocht wird.

Adresse:	Ottenthal Restaurant & Weinhandlung	**Telefon:**	0 30 / 31 33 1 62	**Internet:**	www.ottenthal.com
	Kantstraße 153	**Telefax:**	0 30 / 31 33 7 32	**Mail:**	restaurant@ottenthal.com
	10623 Berlin				

Café Grüne Lampe

Mit einem leicht ironischen Unterton ist der Bezirk Charlottenburg auch als „Charlottengrad" bekannt. Nach der Russischen Revolution wurde er zur Heimstatt für viele Emigranten, und das ist bis heute so geblieben. Doch schon lange vorher stand Berlin in einer besonderen Beziehung zu Russland. Der Alexanderplatz, eines der Zentren der Hauptstadt, ist nach dem Zaren Alexander I. benannt, der in den Freiheitskriegen gegen Napoleon auf Deutschlands Seite stand. Russland war damals, nach dem Wiener Kongress 1814, die mächtigste Monarchie des Kontinents.

Wenig später wurde in St. Petersburg ein elitärer Club eröffnet, die „Seljonaja Lampa", auf deutsch: „Grüne Lampe". Er war ein Hort des Widerstands zahlreicher Offiziere, Künstler und Adeliger gegen das autokratische Zarenregime. Es wurde gut gegessen und getrunken, die russische Küche genoss damals einen hervorragenden Ruf in Europa.

Das „Café Grüne Lampe" in Berlin beruft sich auf diese Tradition, wobei althergebrachte russische Speisen in einer leichteren, moderneren Form serviert werden. Es gilt als bestes russisches Restaurant Deutschlands.

Zu verdanken ist dies Julia Gutsch, der ungemein agilen Inhaberin. Sie stammt aus St. Petersburg und kam Anfang der neunziger Jahre nach Berlin, wo sie rasch feststellte, dass es einen großen Bedarf an guter russischer Küche gab. Mit dem „Café Grüne Lampe" war ihr von Anfang an Erfolg beschieden.

Die russische Küche ist üppig und deftig, mit einem Stich ins Säuerliche. Bekannte Spezialitäten sind Soljanka (ein kräftiger, würziger Eintopf), Borschtsch (eine Suppe aus Roter Beete, Kohl, Rindfleisch und Zwiebeln, die mit saurer Sahne aufgegossen wird) sowie eine Vielzahl gefüllter Teigta-

café grüne lampe

schen. Pelmeni etwa, in denen sich Putenfleisch verbirgt, stammen aus Sibirien, werden dort vor dem ersten Frost zubereitet und dann im Freien eingefroren. Bliny sind dünne Hefepfannkuchen, die früher am Ende des Winters gebacken wurden, um die Wiedergeburt der Sonne zu feiern. Unverzichtbar sind natürlich Wodka und Kaviar.

Im „Café Grüne Lampe" sollte man sich einfach durchprobieren. Eine gute Gelegenheit dazu bietet das allmittaglich angebotene Büffet, das eine Vielzahl an Spezialitäten offeriert. Das Kaviar-Büffet an Sonn- und Feiertagen erfordert Voranmeldung: Fast immer ist es ausgebucht. Nicht selten wird das Essen auch, typisch russisch, von Live-Musik begleitet, was sich mitunter zu einem Fest entwickelt, bei dem alle mittanzen.

Adresse:	Café Grüne Lampe	Telefon:	0 30 / 88 71 93 93	Internet:	www.gruene-lampe.de
	Uhlandstraße 51	Telefax:	0 30 / 88 71 93 94	Mail:	mail@gruene-lampe.de
	10719 Berlin				

Finest Whisky

Whisky ist – das wissen nur die Wenigsten – das vielfältigste alkoholische Getränk überhaupt, vielfältiger noch als Wein. Uwe Wagmüller hat sich zum Ziel gesetzt, diese Komplexität in seinem Laden abzubilden. Wer das kleine, etwas verwinkelte Geschäft unweit des belebten Winterfeldtplatzes betritt, erkennt auf den ersten Blick: Es ist ihm gelungen. Es gab schon Schotten, ausgewiesene Whiskykenner, die standen hier mit glänzenden Augen und versicherten, dass es solch einen Laden in ganz Schottland nicht gäbe, großes Highlander-Ehrenwort.

Spezialisiert hat sich Uwe Wagmüller auf schottische Single Malts, also Whisky aus nur einer Brennerei. 1000 Sorten – rund gerechnet – hat er zur Auswahl, zwei Drittel davon sind Single-Cask Abfüllungen, das heißt, sie stammen aus einem einzigen Fass, das nur wenige hundert Flaschen hergibt. Jeder dieser Spitzenwhiskys hat seine eigene Fassstärke, sie liegt im Allgemeinen deutlich höher als die normale Trinkstärke von 40% bis 46%, bis zu 70% kann das gehen. Doch unter anderem daraus beziehen Whiskys ihre Individualität, schließlich ist Alkohol der entscheidende Geschmacksträger.

Wer einige dieser Kostbarkeiten probiert, entdeckt ganz unterschiedliche Welten, die kaum etwas miteinander gemein haben – von extrem torfigen Whiskys von der Insel Islay, bei denen man sofort an Winterabende am offenen Kamin denkt, bis zu leichten und fruchtigen Whiskys aus den

Highlands oder Lowlands. Hier die feinen Unterschiede zu erkunden, ist eine Beschäftigung, für die ein ganzes Leben nicht reicht.

Etwa hundert Brennereien existieren noch in Schottland, viele mussten schließen in den vergangenen Jahrzehnten. Doch ihre Whiskys gibt es noch, sie werden immer kostbarer mit den Jahren. Viele dieser Flaschen hat Uwe Wagmüller gehortet, auch im Urlaub fährt er regelmäßig nach Schottland, um Raritäten aufzutreiben.

Whisky trinken muss man lernen, Novizen schmecken im Allgemeinen erst einmal nur Alkohol. Doch dann eröffnet sich ein faszinierendes Panorama des differenzierten Geschmacks, wie es weiter nicht zu denken ist. Uwe Wagmüller, selbst ein passionierter und überaus sachkundiger Whiskytrinker, unterstützt diesen Lernprozess durch regelmäßige themenbezogene Tastings, die zumeist einmal im Monat stattfinden. Acht bis zehn unterschiedliche Whiskys werden dabei gereicht und erklärt. Da die Tastings meist ausgebucht sind, ist eine Voranmeldung empfehlenswert.

Adresse: Finest Whisky Winterfeldtstraße 48 10781 Berlin	**Telefon:** 030 / 23 63 51 72 **Internet:** www.finestwhisky.de **Mail:** finestwhisky@aol.com	**Öffnungszeiten:** Mo. bis Fr. 11 – 20 h Sa. 10 – 19 h

Café Berio

Das Viertel südlich des Nollendorfplatzes ist vor allem jenen ein Zuhause, die sich vom gleichen Geschlecht angezogen fühlen. Die schwul-lesbische Community hat sich hier eine gut funktionierende Infrastruktur geschaffen, in der sich Künstler, Hedonisten und Freigeister jedweder Provenienz gern aufhalten. Hier gafft niemand, Kontakte sind leicht zu knüpfen, die Atmosphäre atmet gegenseitige Toleranz und demonstrative Gelassenheit.

Ein traditioneller Anlaufpunkt der Szene – auf der Flaniermeile zwischen Nollendorf- und Winterfeldtplatz – ist seit Jahrzehnten das „Café Berio". Ende 2009 übernahmen es, nach 15 Jahren Auszeit, wieder die ursprünglichen Betreiber Annina Máté und Karsten Schork. Sie renovierten die Räume und erarbeiteten ein neues Konzept, das von den Gästen begeistert angenommen wurde.

Regelmäßig gibt es Kunst- und Fotoausstellungen, zu deren Vernissagen sich „Tout Schöneberg" trifft, jeden Samstagabend ab 19 Uhr wärmen sich die Gäste zu tanzbaren, von einem DJ aufgelegten Deep-House-Klängen auf, bevor sie die Berliner Clubs unsicher machen. Trashige Events wie Puddingwettessen und Dessertpartys, bei denen auch schon mal männliche Stripper auftreten, sorgen für ausgelassene Stimmung. Normalerweise jedoch ist das „Café Berio" ein eher ruhiger, äußerst angenehmer Ort, wo man nicht nur gut sitzen und den mitunter recht „queeren" Flaneuren zusehen, sondern auch von morgens bis abends frühstücken kann („From dusk till dawn"). Besonders beliebt ist das „Marktfrühstück", bei dem nun wirklich alles aufgefahren wird, was Schlemmer gerne mögen. Zwischendurch eine hausgemachte Limonade oder eine saisonale Bowle, dann ist Zeit für Kaffee und Kuchen, und hier ist die Auswahl – besonders am Wochenende – riesengroß: Balsamico-Kirsch-Trüffeltorte gibt es, New York Cheese Cake oder Mousse-au-chocolat-Torte, um nur drei Beispiele zu nennen für Kuchen und Torten, nach denen man süchtig werden kann und die in Berlin zum Teil nur hier erhältlich sind.

Am Abend wird ein Raum eingedeckt, auf der Karte stehen neben Klassikern wie Wiener Schnitzel und Argentinischem Rinderfilet auch saisonale Gerichte wie Spargel, Pfifferlinge und Matjes. Danach vielleicht ein Cocktail, dann wartet schon die Nacht. Bis das „Café Berio" aufs Neue öffnet, früh am nächsten Morgen.

Adresse:	Café Berio	Telefon:	030 / 216 19 46	Internet:	www.cafeberio.de
	Maaßenstraße 7			Mail:	info@cafeberio.de
	10777 Berlin			Öffnungszeiten:	So. bis Do. 8 – 24 h, Fr. und Sa. 8 – 1 h

Konditorei & Café Buchwald

Es gibt einige Traditionscafés in Berlin, die sollte man hegen und pflegen wie kostbare Solitäre. Sie sind Bestandteil einer Kultur, die langsam – je mehr die allfälligen Coffee Shops sich ausbreiten – im Verschwinden begriffen ist. Sie bieten ein individuelles, meist hervorragendes Kuchenangebot sowie eine unnachahmliche Atmosphäre, die über Generationen gewachsen ist. Als Gast hat man das Gefühl, einzutauchen in eine eigenständige, in sich stimmige Welt, in der einzig Genuss und Behaglichkeit zählen.

Ein solches Café ist die „Konditorei Buchwald", in einem Eckhaus mit Gartenterrasse direkt an der Spree gelegen, nur wenige Meter von der historischen Bärenbrücke entfernt. Gegründet wurde das Café vor über 150 Jahren, 1852, in Cottbus. Gustav Buchwald stellte damals einen Baumkuchen her, der ihn weit über die Grenzen der Stadt hinaus bekannt machte. Sein Sohn, ebenfalls Gustav mit Namen, verlegte den Betrieb nach Berlin, da er den Baumkuchen nicht mehr über Holzkohle, sondern im Gasofen backen wollte, und Gas gab es damals eben nur in Berlin.

Dem Baumkuchen scheint diese Entscheidung gut bekommen zu sein, denn um die Jahrhundertwende wurde der Konditorei vom Preußischen Prinzenhof der Titel „Königlicher Hoflieferant" verliehen. Auch heute noch wird der Baumkuchen nach demselben Geheimrezept wie ehedem gebacken. Dieses Rezept wird nicht aufgeschrieben, sondern nur mündlich in der Generationenfolge weitergegeben.

konditorei & café buchwald

Tatsächlich ist der Baumkuchen – ob nun mit oder ohne Schokoladenüberzug – nachgerade unvergleichlich. Er ist luftig und fest zugleich, schmeckt harmonisch, fein und rund, und ist von einer schönen Saftigkeit. Kunden in aller Welt wissen diese außerordentliche Qualität zu schätzen.

Geleitet wird die Konditorei von Ursula Kantelberg, der Ururgroßnichte des Gründers Gustav Buchwald, der mit seinem Initial in der offiziellen Firmenbezeichnung immer noch präsent ist.

Sie war, mit 22 Jahren, seinerzeit der jüngste Konditormeister Berlins (eine weibliche Form gibt es nicht) und ist immer noch aktiv. Doch die nächsten beiden Generationen stehen schon bereit.

Das Café wirkt ein wenig wie Omas gute Stube, mit Absicht. Und es gibt tatsächlich nichts anderes als Kaffee und Kuchen, auch dies mit Absicht. Alles soll bleiben, wie es ist. Die Kuchen und Torten werden täglich frisch gebacken, und einige Produkte gibt es nur hier, die winterlich-würzige Karlsbader Zimttorte zum Beispiel, die – wen wundert's – ebenfalls nach einem Geheimrezept hergestellt wird.

Adresse:	Konditorei & Café Buchwald	**Telefon:**	030 / 39 15 93 1	**Internet:**	www.konditorei-buchwald.de
	Bartningallee 29	**Telefax:**	030 / 39 12 3 42	**Öffnungszeiten:**	Mo. bis Sa. 9 – 18 h
	10557 Berlin				So. 10 – 18 h

Paris – Moskau

Auf berückende Weise besitzt das schmucke, weiße Fachwerkgebäude im Niemandsland zwischen Hauptbahnhof und Bundeskanzleramt die pittoreske Anmutung eines verwunschenen Hexenhäuschens. Es liegt nicht weit entfernt von der Bahnlinie, einer der großen europäischen Magistralen: Links führt die Trasse nach Paris, rechts in Richtung Moskau. Daher auch der Name des heute hochberühmten Restaurants, das 1898 als Kutscherkneipe erbaut wurde: „Paris – Moskau".

Von Anfang an, seit 1987, verstand Wolfram Ritschl sein Restaurant als symbolischen Ausdruck für die traditionell enge Beziehung Berlins zu den Metropolen Moskau und Paris, politisch und auch kulturell. Nicht verwunderlich ist es daher, dass das „Paris – Moskau" seit jeher als verschwiegener Treffpunkt für hochrangige Wirtschaftsführer und Politiker jedweder Couleur dient. Hier können sie auf neutralem Boden ungestört miteinander sprechen, um Entscheidungen vorzubereiten, die mitunter eine Bedeutung besitzen, die weit über Berlin hinausreicht.

Manchmal macht sich Wolfram Ritschl einen Spaß daraus, bedeutende politische Ereignisse auf der Karte zu verewigen. Ende der achtziger Jahre etwa kreierte er den Cocktail „Glasnost", bei dem Kir Royal mit Wodka Gorbatschow aufgefüllt wird. Der nicht weniger erfolgreiche Nachfolger heißt „Gazprom" und entstand, nachdem der abgewählte Bundeskanzler Gerhard Schröder sich bei dem gleichnamigen russischen Gaskonzern verdingt hatte. Hierfür wird dem „Glasnost" etwas Blue Curacao hinzugefügt, der langsam auf den Boden des Glases sinkt.

Die Küche greift nach den Sternen. Küchenchef Robert Kellner verarbeitet überwiegend edelste, vulgo teure Grundprodukte von größtmöglicher Frische auf sehr phantasievolle Weise. Einige Beispiele: „Sous vide gegarter Tafelspitz vom Wagyu-Rind mit Morcheln und violettem Karotteneis", „Mit Gänseleber gefüllte Königsberger Klopse vom Kaninchen", „Steinbutt an der Ochsenschwanzjus mit Kartoffel-Schalottentarte und gebratenen Shiitakepilzen" oder „Schokoladen-Olivenölcanache mit Mango, Karameleis und Maldonsalz". Das klingt nicht nur beeindruckend, sondern schmeckt auch so.

Die Weinkarte ist ein dickes Buch, sie umfasst mehr als 240 Positionen aus 11 Ländern, deren Schwerpunkt auf den klassischen europäischen Weinbauregionen liegt.

Die Reise von Paris nach Moskau ist lang genug, das gleichnamige Restaurant unbedingt einen Zwischenstopp wert.

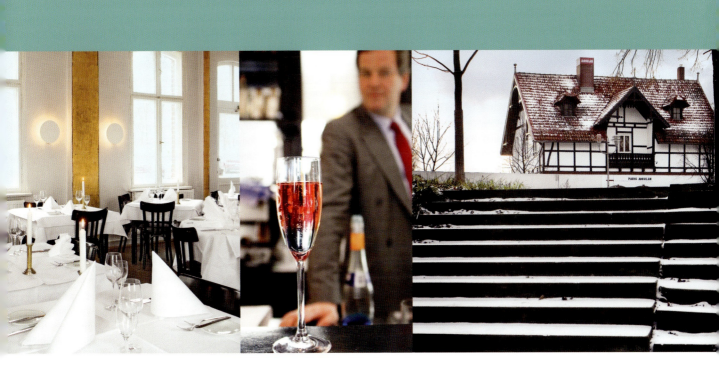

Adresse:	Paris – Moskau	Telefon:	030 / 39 42 08 1	Internet:	www.paris-moskau.de
	Alt-Moabit 141	Telefax:	030 / 39 42 60 2	Mail:	restaurant@paris-moskau.de
	10557 Berlin				

Maxwell

Früher – im 19. und in der ersten Hälfte des 20. Jahrhunderts – war in Berlin eine vielfältige Industrieproduktion beheimatet. Nach dem Zweiten Weltkrieg änderte sich das grundlegend.

Heute ist Berlin – allem internationalen Flair zum Trotz – eine Stadt vor allem von Beamten, Kleingewerbetreibenden, Dienstleistern und Empfängern von Sozialtransfers. Die ehemaligen Fabrikgebäude mit ihren oft prächtig restaurierten Innenhöfen dienen nunmehr anderen Zwecken: Es wurden Lofts für finanzkräftige Bewohner eingerichtet, in weitläufigen, hohen Räumen residieren Firmen, deren Metier meist Kunst, Kultur, Werbung oder Computersoftware ist. Nicht zuletzt haben sich hier auch Restaurants etabliert, deren Küche mitunter als überaus ambitioniert erscheint.

Im neogotischen Backsteinbau der ehemaligen Josty-Brauerei – einer der bedeutendsten des alten Berlin – hat das Restaurant „Maxwell" eine Heimat gefunden. Das Gebäude ist ein beeindruckendes Ensemble aus der Gründerzeit, das vom ungehemmten Repräsentationsbedürfnis jener Jahre zeugt und fast schon sakralen Charakter besitzt. Es bildet den idealen Rahmen für ein Restaurant, das einen unzweifelhaft luxuriösen Anspruch verfolgt.

Seit über zwei Jahrzehnten besitzt das „Maxwell" einen guten Ruf. Das liegt am Küchenchef. Uwe Popall ist ein international erfahrener Koch, der unter anderem in London, Madrid und an der Côte d'Azur gearbeitet und seinen Stil längst gefunden hat. Überaus sicher und gekonnt jongliert er mit Materialien und Aromen, die er auf meist überraschende und spannende, dabei stets zwingende Weise miteinander verbindet.

Da gibt es etwa eine geräucherte Makrele mit Lakritzgelée als Vorspeise, Lachs und Thunfisch in Pomelo-Marinade werden mit einer Kerbel-Espuma kombiniert, eine gepökelte Lammzunge kommt zusammen mit Linsentalern und Brunnenkresse. Als Hauptgericht könnte ein Adlerfisch mit Zitronengrasschaum und Kokosspinat auf der Karte stehen oder eine Hohe Rippe vom Ibérico-Schwein mit Thymianjus, Spitzkohl-Canelloni und Sellerie-Majoranpüree, während als Dessert zum Beispiel eine Joghurt Crème Brûlée mit Kumquats und Schokoladen-Rosmarineis nicht nur verlockend klingt, sondern tatsächlich in jeder Hinsicht überzeugt.

Im Sommer sitzt man wunderschön im Innenhof unter ausladenden Sonnensegeln. Das Restaurant selbst erstreckt sich über zwei Ebenen unter sieben Meter hohen Decken und ist ebenso edel wie dezent mit warmem Holz und rotem Leder eingerichtet. An den Wänden hängt moderne Kunst. Es ist ein Platz, an dem es sich mit Stil genießen lässt.

Adresse:	Maxwell Bergstraße 22 10115 Berlin	Telefon:	030 / 28 07 121
		Internet:	www.mxwl.de
		Mail:	mxwl@mxwl.de

pro macchina da caffè

Die Kaffeehauskultur ist eine der großen kulturellen Errungenschaften des alten Europa. Schon immer war das Café bevorzugter Treffpunkt von Intellektuellen und Literaten, Künstlern und Politikern. Nach einer langen Zeit des Niedergangs erfährt es – wenngleich in deutlich banalisierter Form – im Zuge der Globalisierung auch in Deutschland eine Renaissance. Im romanischen Raum indes ist die Tradition nie abgerissen, dort gehören der morgendliche Cappuccino und der Espresso zwischendurch zu den unverzichtbaren Ritualen des Alltags.

Wie gut ein Espresso tatsächlich schmecken kann, wissen hierzulande nur die Wenigsten. Ihn zuzubereiten, ist eine Kunst, zu der nicht nur Wissen, Erfahrung und das „richtige Händchen" gehören, sondern auch die professionelle Gerätschaft. Nur dann besitzt er jenen unverwechselbar intensiven und vielschichtigen Geschmack, bei dem süße und bittere, leicht säuerliche und samtig-weiche Komponenten so fein aufeinander abgestimmt sind, dass sie sich in einem harmonischen Gleichgewicht befinden.

Im „pro macchina da caffè" kann man einen solchen Espresso trinken und das geeignete Zubehör erwerben, damit er auch zu Hause gelingt. Empfohlen werden die renommierten Marken Pavoni, ECM, Elektra und Gaggia. Aus dem ursprünglichen Vertrieb von Kaffeemaschinen für die Gastronomie haben Familie Weller und ihre Mitarbeiter einen Stützpunkt der feinen Lebensart entwickelt, bei dem sich alles um Espresso, Cappuccino & Co. dreht. Das Café – in dem auch Croissants, Brioches und belegte Ciabatta zu haben sind – könnte in dieser Form genauso in Italien stehen. Mit seinem rein weißen, nüchternen Stil und den elegant geschwungenen Barhockern besitzt es den Charme der fünfziger und sechziger Jahre, wie man ihn etwa aus Filmen von Federico Fellini kennt.

Der Kaffee wird in ausgesuchten Qualitäten aus Italien importiert, darunter auch der berühmte „Caffè Molinari" aus Modena, der früher am italienischen Königshaus getrunken wurde. Im Sommer werden alle Getränke auch geeist angeboten.

Und wer den Espresso zu Hause nicht gleich so hinbekommt wie im „pro macchina da caffè" – nicht verzagen. Üben heißt es, üben und nochmals üben. Irgendwann ist der Espresso dann gewiss wunderbar dickflüssig, cremig und haselnussfarben, elegant verziert mit feinen dunklen Streifen. Und schmeckt einfach göttlich.

Adresse:	pro macchina da caffè	**Telefon:**	030 / 40 50 16 50	**Internet:**	www.pro-macchina.de
	Ackerstraße 173	**Telefax:**	030 / 40 43 61 2	**Mail:**	info@pro-macchina.de
	10115 Berlin				

Absinth-Depot

Um kaum ein alkoholisches Getränk ranken sich so viele Mythen wie um die geheimnisvolle „Grüne Fee", den Absinth. Er sei bewusstseinserweiternd und fördere die Kreativität, heißt es, er mache süchtig und blind, wirke aphrodisierend, rege den Appetit an und helfe bei Magen- und Darmbeschwerden. Dies alles mag man glauben oder nicht.

Richtig hingegen ist: Gießt man Absinth mit Wasser auf, wird er opak. Er ist hochprozentig und wird daher stets verdünnt getrunken. Die Wirkstoffe ähneln denen von Cannabis. Erfunden wurde die Rezeptur vor mehr als 200 Jahren im schweizerischen Valde-Traves. Unverzichtbares Element ist – neben allerlei Kräutern wie Anis, Fenchel, Melisse und Ysop – Wermutkraut, ein uraltes Heilmittel, aus dem der Wirkstoff Thujon gewonnen wird, dem durchaus halluzinogene Eigenschaften zuzuschreiben sind.

Ende des 19. Jahrhunderts wurde Absinth zum Modegetränk der Künstler, Bohemiens und Intellektuellen. Berühmte Absinth-Trinker waren unter anderem Vincent van Gogh, Ernest Hemingway und Oscar Wilde. Auch die Arbeiter tranken ihn, war er doch billiger als Wein, der nach der Reblausepidemie von 1870 in eine schwere Krise geraten war. Die vereinten Anstrengungen von Weinlobby, Militär und katholischer Kirche sorgten schließlich dafür, dass Absinth verboten wurde. Heute weiß man, dass die damals festgestellten gesundheitlichen Schäden einzig auf die schlechte Qualität des Alkohols sowie auf die enormen konsumierten Mengen zurückzuführen waren.

Das Verbot blieb bis in die Neunziger Jahre des 20. Jahrhunderts hinein bestehen. Dann erfuhr Absinth eine erstaunliche Renaissance. Man begann zu schätzen, welch vielfältiges, anspruchsvolles Getränk er doch ist. In Berlin eröffnete Hermann Plöckl sein Absinth-Depot, das eine umfassende Auswahl für alles bietet, was mit Absinth zu tun hat: Nicht nur das Getränk selbst, sondern auch Gläser und Karaffen, Fontänen, Silberlöffel und die entsprechende Literatur.

Etwa 120 Sorten hat Hermann Plöckl im Angebot, er lässt gern probieren und erläutert mit bewundernswerter Kompetenz die feinen Unterschiede. Regelmäßig veranstaltet er Degustationen. Sein Geschäft ist ein Schmuckstück: Vier Meter hohe Decken, historische Fotos, Emailschilder und Plakate, eine antike Kasse und allerlei rare Accessoires. Für Biertrinker hält er 35 seltene Sorten vorrätig, für Raucher etliche Marken, die man fast schon ausgestorben wähnte: Eckstein, Peter Heinrichs, Botschafter und Shepard's Hotel zum Beispiel. All dies macht das Absinth-Depot zum Hort einer selten gewordenen Kultur.

Adresse:	Absinth-Depot Weinmeisterstraße 4 10178 Berlin	Telefon:	030 / 28 16 78 9	Internet:	www.absinth-berlin.de
		Telefax:	030 / 28 87 90 35	Mail:	info@absinth-berlin.de
				Öffnungszeiten:	Mo. bis Fr. 14 – 24 h, Sa. 13 – 24 h

Kaffeehaus Brandauer

Cafés, in denen noch die traditionelle europäische Kaffeehauskultur gepflegt wird, muss man mittlerweile suchen. „Coffee to go" findet man hingegen immer öfter, das Angebot der Coffee Shops ist standardisiert und arg begrenzt. Lange aufhalten mag man sich dort ohnehin nicht. Umso erfreuter ist der Flaneur, wenn er – abseits des Touristentrubels und doch nicht weit vom Hackeschen Markt entfernt – in den S-Bahnbögen das „Kaffeehaus Brandauer" entdeckt.

Hier ist die Kaffeehauswelt noch in Ordnung. Bei schönem Wetter sitzt man draußen im Park und schaut auf die Museumsinsel. Ausflugsboote fahren auf der Spree vorbei, im Herbst, wenn die Blätter fallen, ist auch die Kuppel des Doms zu sehen. Keiner stört sich daran, wenn man stundenlang bei einer Tasse „Wiener Melange" oder „Franziskaner" sitzt und Zeitung liest.

Das tonnenförmige Gewölbe im Inneren ist goldglänzend überzogen, die anheimelnde und ungemein bequeme Einrichtung besteht aus einem wilden Mix aus Gründerzeit, Jugendstil und 50er Jahre. Kleine goldene Engelchen und röhrende Hirsche steuern einen Schuss Ironie bei, historische Fotos des legendären „Caffè Florian" in Venedig, des ältesten italienischen Cafés, machen deutlich, in welch großer Tradition man sich hier sieht.

Völlig zu Recht. Die Auswahl an Kaffees, Tees und Schokoladen ist fulminant, genauso wichtig aber ist die Art und Weise, wie sie serviert werden. Zum Kaffee wird neben verschiedenen Zuckersorten stets ein Glas Wasser gereicht, der frisch aufgebrühte Blatttee kommt in angewärmten Tassen und mit einer Sanduhr, damit man auch genau zum richtigen Zeitpunkt das Sieb herausnimmt. All dies zeigt, wie wichtig hier Details genommen werden, die unverzichtbar sind für vollendeten Genuss.

Kommt man am Vormittag, duftet das ganze Café nach frisch gebackenem Kuchen. Man kann zusehen dabei, wie all die Köstlichkeiten entstehen, Nusskuchen, Marmor-Gugelhupf und ein grandioser Apfelkuchen zum Beispiel. Die Rezepte stammen von Oma Brandauer: Ja, sie gab es wirklich, sie lebte im Berchtesgadener Land und war eine begnadete Kuchenbäckerin, wie man unschwer schmecken kann.

Auch was das kleine Speisenangebot betrifft, hat sich Esther Stammberger, die engagierte Inhaberin des Cafés, ganz auf den süddeutsch-österreichischen Raum verlegt. Das Brot, mit Anis und Kümmelkruste, kommt aus Bamberg, es gibt deftige Brettljause und Weißwurstfrühstück, einen ganz vorzüglichen fränkischen Kartoffelsalat und stets frische Brezel. Damit kommen auch ausgehungerte Gäste gut über den Tag.

Adresse:	Kaffeehaus Brandauer Kleine Präsidentenstraße/ S-Bahnbogen 151 10178 Berlin	Telefon:	030 / 43 20 80 05	Öffnungszeiten:	täglich von 9 – 20 h
		Internet:	www.dasbrandauer.de		
		Mail:	info@dasbrandauer.de		

Kauf Dich glücklich

Der Spruch ist ohne Zweifel ironisch gemeint, doch im Grunde haben Andrea Dahmen und Christoph Munier mit „Kauf Dich glücklich" das kapitalistische Prinzip der sich immerzu steigernden Konsumption schlüssig auf den Punkt gebracht. Eingefallen ist er ihnen beim Spülen in ihrer WG, in derselben Nacht noch hat Andrea Dahmen das Logo aus Zeitschriftenbuchstaben zusammengeklebt. Bis heute ist es – mit dem Charme des Improvisierten – so geblieben.

Alles perfekt Gestylte wäre auch unpassend bei einem Konzept, das konsequent auf das Recycelte, Unfertige und Spontane setzt – und damit ungemein erfolgreich ist. Entstehen konnte „Kauf Dich glücklich" deshalb wohl nur in Berlin, einer Stadt, die sich planlos unablässig neu erfindet und die niemals fertig wird – und die gerade daraus ihre Attraktivität bezieht.

Dies trifft auch auf das „Kauf Dich glücklich" zu. Es ist ein Café, das aufgrund seiner liebenswert trashigen Atmosphäre zum kultigen Treffpunkt am Prenzelberger Kiez geworden ist. Entstanden ist es aus der Sammelleidenschaft, die Andrea Dahmen und Christoph Munier immer schon besaßen. Die Fünfziger und Sechziger Jahre hatten es ihnen angetan. Als die Wohnung zu voll wurde, richteten sie kurzerhand das Café damit ein und begannen, nun erst richtig einzukaufen. Mit einem Kleinlaster reisten sie nach Spanien, wo sie Spiegel, Schmuck, Lampen und allerlei Tinneff erstanden. Auf Flohmärkten und bei Haushaltsauflösungen fanden sie Möbel, Ölgemälde, Blechspielzeug und den absonderlichsten Kleinkram.

Mit all dem ist das „Kauf Dich glücklich" angefüllt – und alles kann man kaufen. Es kann passieren, dass das Sofa, auf dem man friedlich sein Eis verzehrt, plötzlich mit einem „Verkauft"-Schild versehen wird. Bei vielen Dingen erfüllt die etwas Älteren das beglückende Gefühl, sie aus Kindheitstagen noch zu kennen. Man sollte auf jeden Fall gleich zugreifen, denn: „Was weg ist, ist weg", auch wenn es ständig Nachschub gibt.

Was das Café darüber hinaus zu etwas Besonderem macht, sind das Eis und die Waffeln. Beide sind von exorbitanter Qualität und eine unwiderstehliche Versuchung für Süßmäuler. Ein Dutzend der über 70 hausgemachten Eissorten sind immer vorrätig, sie wechseln ständig. Darunter sind so exotische Geschmacksrichtungen wie Roseneis, Champagner-, Caipirinha- und Guaveneis. Die Fruchtsorbets sind vegan, d.h. ohne Milchprodukte hergestellt.

Auch die Waffeln gibt es in vielerlei Varianten, von denen eine leckerer als die andere ist. Der Klassiker ist die Waffel mit heißen Kirschen, Schlagsahne und Vanilleeis. Die hilft über jeden Frust hinweg.

Adresse:	Kauf Dich glücklich	Telefon:	030 / 48 62 32 92	Öffnungszeiten:	Mo. bis Fr. 11 – 2 h
	Oderberger Straße 44	Internet:	www.kaufdichgluecklich.de		Sa. und So. 10 – 2 h
	10435 Berlin	Mail:	hallo@kaufdichgluecklich.de		

Cape Town

In einer so großen Stadt wie Berlin ist die Palette der ethnischen Restaurants ziemlich vollständig vertreten. Egal, wonach einem kulinarisch der Sinn steht – man bekommt es ohne Probleme. Doch nicht überall schmeckt es dem mitteleuropäischen Gaumen, zu exotisch sind bisweilen die Produkte und Zubereitungsarten, und so lecker wie im Urlaub mundet es auch nicht immer.

Das „Cape Town" ist da die ganz große Ausnahme, es ist die sichere Bank für Fleischesser mit Sinn für den etwas anderen Geschmack und zugleich so authentisch, wie es in unseren Breiten überhaupt nur möglich ist. Denn natürlich pflegt die südafrikanische Küche einen ganz eigenen Stil, der vor allem auf jene Grundprodukte zurückzuführen ist, die bei uns kaum zu bekommen sind und daher fast vollständig importiert werden müssen.

Thomas Meißner, der Inhaber und Küchenchef, kennt sich da bestens aus, schließlich hat er lange in Südafrika gelebt. „Siyakwemukela ikhefi Cape Town" hat er auf die erste Seite der Speisekarte geschrieben. Das ist Zulu und bedeutet: „Herzlich willkommen im Restaurant Cape Town". Eine freundliche Begrüßung, und die gleich in sechs Sprachen. „Mein Swagat Hai" heißt das Gleiche auf Hindi, „Hartlik welkom" auf Afrikaans. Südafrika, soll uns dies sagen, ist ein Schmelztiegel der Kulturen, ebenso wie seine Küche, die verschiedenste Einflüsse aus aller Welt in sich aufgenommen hat.

Es ist vor allem eine Fleischküche. Serviert werden Krokodil, Kudu, Springbock, Gnu und Strauß. Alle Tiere werden nicht in freier Wildbahn gejagt, sondern auf großen Farmen gezüchtet. Wer den spezifischen Geschmack der verschiedenen Fleischsorten kennenlernen möchte, bestellt am besten die üppige „Cape Town Platte", die von allem etwas bietet. Ein Klassiker ist „Bobotie", eine Art Hackfleischauflauf mit frischer Banane und Mangochutney, oder auch „Durban Bunny Chow", ein mit Curry von Lamm und Hühnchen sowie allerlei Früchten und Gemüsen gefüllter Brotlaib.

Berühmt ist Südafrika für seine Weine, die von teilweise herausragender Qualität sind. Thomas Meißner hat eine exorbitante Auswahl zusammengetragen und kann so manchen guten Ratschlag geben. Man fühlt sich wohl in seinem Restaurant, wozu gewiss auch die liebevolle Ausstattung mit historischen Fotos und seltenen Mitbringseln beiträgt. Äußerst beliebt ist der Brunch am ersten Sonntag jeden Monats, für den man mindestens zwei Wochen im voraus reservieren sollte.

Adresse:	Cape Town Schönfließer Straße 15 10439 Berlin	Telefon:	030 / 40 05 76 58	Internet:	www.capetown-restaurant.com
		Telefax:	030 / 40 05 76 59	Mail:	africa@mr-cook.com

Entrecôte

Das „Entrecôte" ist eine Brasserie, wie sie typischer nicht sein könnte – als hätte man sie aus Frankreich nach Berlin versetzt. Die Tagesgerichte sind auf einer Schiefertafel verzeichnet, bei schönem Wetter kann man unter einer Markise sehr angenehm auch draußen speisen. Der lang gestreckte Innenraum, der Elemente des Bauhauses aus den 1920er Jahren aufweist, wird durch geschickt angebrachte Spiegel optisch vergrößert. Die originalen Werbeplakate aus den Zwanziger und Dreißiger Jahren an den Wänden haben alle etwas mit Essen und Trinken zu tun, zwei Trikoloren weisen auf die innige Verbindung zu Frankreich hin. Geschmackvolle Blumengestecke sorgen für eine anheimelnde Atmosphäre.

Im Herbst 2009 konnte das „Entrecôte" zehnjähriges Jubiläum feiern. „Tout Berlin" war hier: Das Restaurant ist eines der Wohnzimmer der Hauptstadtgesellschaft. Ohne den sympathischen Patron Thomas Frede sowie die Geschäftsführerin Gudrun Küsel wäre dies nicht möglich, sie sind die Seele des „Entrecôte". Fast immer anwesend, haben die beiden alles im Blick. Die Kellner sind ebenso professionell wie freundlich und könnten sofort in einer französischen Brasserie als „Garçon" anfangen.

Die Küche serviert die Klassiker der französischen Landhausküche in einer Produktqualität, die über jeden Zweifel erhaben ist. Wer genug hat von den allenthalben offerierten Experimenten halbtalentierter Köche und zurück zu den Wurzeln will, der wird vom „Entrecôte" begeistert sein. Schnecken in Kräuterbutter, Austern oder Salade Niçoise als Vorspeise stimmen ein auf – zum Beispiel – Boeuf

Bourgignon, Coq au vin oder Seezunge. Das auf dem Lavasteingrill mit frischen Kräutern der Provence gebratene Côte de Boeuf aux Herbes für zwei Personen dürfte das beste seiner Art in Berlin sein. Unbedingt mitbestellen sollte man die knusprigen Streichholzkartoffeln und die Sauce Béarnaise. Wenn dann noch Platz im Magen ist, könnte der etwa von einer Mousse au Chocolat, einer Tarte Maison oder Crème Brûlée gefüllt werden.

Wie es sich für eine Brasserie der allerersten Kategorie gehört, sind die offenen Weine von bester Qualität, daneben bietet die Weinkarte exzellente Tropfen aus allen wichtigen Appellationen Frankreichs zu erstaunlich moderaten Preisen.

Adresse:	Entrecôte	Telefon:	030 / 20 16 54 96	Internet:	www.entrecote.de
	Schützenstraße 5	Telefax:	030 / 20 16 54 97	Mail:	info@entrecote.de
	10117 Berlin				

Suppengrün

Mittags ist – anders als etwa in Frankreich – meist weder Zeit noch Muße für ein ausgiebiges Essen. Doch gut schmecken soll es trotzdem, und bezahlbar soll es auch sein. Dies ist die Lücke, die Hagen und Christiane Franke im Sommer 2002 für sich entdeckten.

Die Fischerinsel – ein bis zur Wende recht ödes Gebiet zwischen Spree und Kreuzberg, wo früher die Mauer verlief – versprach damals ein interessantes, aufstrebendes Viertel zu werden. Und so kam es auch. Heute sind viele Häuser renoviert, die Australische und die Brasilianische Botschaft befinden sich hier, Behörden, Anwaltskanzleien und das Märkische Museum. Eine Infrastruktur hat sich entwickelt: Friseur, Kosmetikstudio und zwei Blumenläden findet man, einen Antikshop und mehrere Delikatessengeschäfte.

Und das „Suppengrün". In dem kleinen Stehrestaurant bildet sich jeden Tag um die Mittagszeit eine lange Schlange hungriger Menschen bis zur Straße hinaus. Sie haben die Auswahl aus sechs Suppen, vier Salaten und diversen Quiches, die wöchentlich wechseln. Die meisten Gerichte hat sich Hagen Franke selbst ausgedacht: Spargelsuppe mit Madrascurry zum Beispiel, Kartoffel-Mangold-Suppe mit Kapern und getrockneten Tomaten oder Lavendel-Risotto mit Ratatouille. Man merkt schon, dass hier nicht gerade das Alltägliche auf der Karte steht.

Manchmal kommt auch jemand mit einem Rezept aus seiner Heimat, das er gerne essen möchte. So geschehen bei Sancocho, einer Hühnersuppe aus Kolumbien, die mit Mais, Bananen und Süßkartoffeln angereichert wird. Hagen Franke – der lange Koch im ehemaligen „Palast der Republik" war und dann Erfahrungen in zahlreichen Restaurants gesammelt hat – liebt solche Experimente.

Dass die Suppen nie verkocht sind, liegt übrigens daran, dass sie nur ziehen, dass ständig nachgefüllt und das Gemüse frisch hineingeschnitten wird.

Auch die Salate sind fast alle abseits des Üblichen, Zimthuhn mit Kürbis-Quitten-Chutney auf grünem Salat etwa, Couscous-Salat mit frischer Minze und Nüssen oder Feldsalat mit Birnen, Ziegenkäse, Blätterteig und Granatapfel. Alle diese durchaus aufwendig zubereiteten Gerichte liegen übrigens deutlich unter fünf Euro – ein kleines Wunder.

Wer Kaffee und einen Nachtisch zu sich nehmen will, geht ins Nebenhaus in die „Saftbar". Die haben Hagen und Christiane Franke 2004 aufgemacht, als der Platz im „Suppengrün" knapp wurde. Die Tartes dort sind sämtlich hausgemacht und wechseln ebenfalls ständig: Mal stehen Birnen und Schokolade auf der Schiefertafel, mal Blaubeer, mal Äpfel mit Walnüssen. Der Gast hat hier die Qual der Wahl.

Adresse:	Suppengrün	Telefon:	030 / 24 78 13 90	Öffnungszeiten:	„Suppengrün" geöffnet Mo. bis Fr. 11 – 18 h
	Inselstraße 1a	Telefax:	030 / 24 78 13 90		„Saftladen" geöffnet Mo. bis Fr. 8 – 16 h
	10179 Berlin	Internet:	www.suppengruen.net		

Henne Alt-Berliner Wirtshaus

Die „Henne" wartet mit einem ungewöhnlichen Superlativ auf: Es ist das Wirtshaus mit der kleinsten Speisekarte Berlins. Es gibt Würste, Buletten, zwei Nachspeisen – und die Spezialität des Hauses: ein halbes Milchmasthähnchen, krachend knusprig, dampfend heiß und unbedingt mit den Fingern zu essen. Das bestellt fast jeder, dafür nehmen die Gäste auch weite Wege auf sich. Die „Henne" ist fast jeden Abend brechend voll.

Dabei hat der Name dieser Ur-Berliner Institution – um ein weit verbreitetes Missverständnis auszuräumen – gar nichts zu tun mit dem Gericht, für das sie berühmt ist. Er stammt vielmehr von Bernd Henne, dem Vorgänger der heutigen Wirtin Angela Leistner. Der Name passt rein zufällig.

Das „Alt Berliner Wirtshaus" war ursprünglich eine reine Schankkneipe, das heißt, es gab zu trinken, aber nichts zu essen. Um dem allabendlichen Besucherschwund zu begegnen, ohne deshalb gleich ein „richtiges" Restaurant aufzumachen, kam in den fünfziger Jahren die damalige Wirtin Rosl Litfin auf die geniale Idee mit den Milchmasthähnchen.

Ihr Rezept ist bis heute geheim, auch Angela Leistner lächelt nur, wenn sie danach gefragt wird. Serviert werden sie mit warmem Brot, allenfalls Kartoffel- oder Krautsalat sind als Beilagen möglich. Aber die braucht man nicht wirklich, dafür sind die Hähnchen einfach zu gut. Der Geschmack des Fleisches ist intensiv, die Konsistenz saftig und zart, die Haut durchgehend knusprig. Perfekt passt dazu eines der fünf Biere vom Fass, für Weinliebhaber werden einige erstaunlich hochklassige Gewächse zu sehr zivilen Preisen empfohlen.

Man sieht dem Lokal seine lange, fast hundertjährige Geschichte an: Bequemes Gestühl unter hohen Decken, allerlei antike Utensilien, ein Kachelofen, holzgetäfelte Wände und zahlreiche Hirschgeweihe ergeben eine unnachahmliche Mischung. Am 13. August 1961 wurde, kaum fünf Meter entfernt auf der anderen Straßenseite, völlig überraschend die Berliner Mauer hochgezogen. Dies dürfte der einzige Abend gewesen sein, an dem den Gästen die Hähnchen nicht mehr schmeckten. Hinter dem Holztresen hängt unübersehbar ein handsigniertes Porträt von John F. Kennedy, der während seines Berlinbesuchs 1963 vom legendären Wirt Conny Litfin auf eine Berliner Weiße mit Schuss eingeladen wurde, aber nicht kommen konnte und stattdessen dieses Foto schickte. Man kann nur sagen: Er hat etwas versäumt.

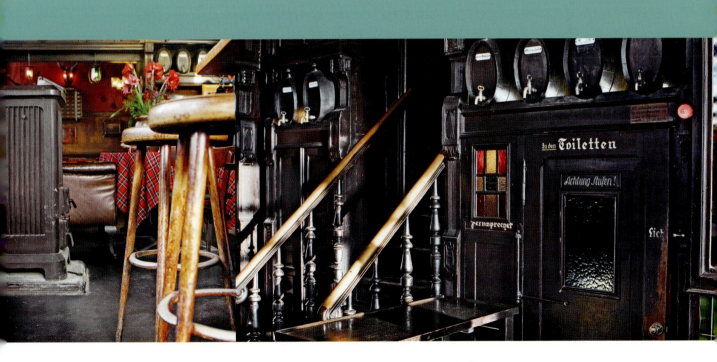

Adresse:	Alt-Berliner Wirtshaus	**Telefon:**	030 / 614 77 30	**Öffnungszeiten:**	Di. bis Sa. ab 19 h
	Leuschnerdamm 25	**Internet:**	www.henne-berlin.de		So. ab 17 h
	10999 Berlin				

Restaurant und Café Jolesch

Das „Jolesch" ist seit über fünfzehn Jahren eine kulinarische Institution in Kreuzberg, und dies will was heißen angesichts des reichen Angebots an Restaurants jedweder Provenienz. So multikulturell das Viertel nördlich des Kottbusser Tors – das berühmt-berüchtigte ehemalige „SO 36" – ist, so ethnisch vielfältig sind auch die Möglichkeiten, Essen zu gehen.

Im „Jolesch" speist man österreichisch. Der Name ist dem Buch „Tante Jolesch – Der Untergang des Abendlandes in Anekdoten" von Friedrich Torberg entlehnt. Der in Wien geborene Schriftsteller setzte darin dem jüdischen Bürgertum der Zwischenkriegszeit ein ebenso humorvolles wie melancholisches literarisches Denkmal. Seine imaginierte Hauptfigur „Tante Jolesch" ist eine überaus originelle, lebenskluge Persönlichkeit, die es meisterhaft versteht, ihre Gäste zu bewirten und zu unterhalten. Sie ist eine Botschafterin österreichischer Lebensart.

Dieser Tradition fühlt man sich auch im „Jolesch" verpflichtet. Seit Herbst 2009 wird es von der gebürtigen Österreicherin Renate Dengg geleitet. Sie war gut beraten, alles so zu lassen, wie es die Gäste seit vielen Jahren schätzen. Über dem Türsturz zum großen Saal hängt eine historische Zeichnung von Kaiser Franz Joseph, auf der Theke prangt ein stets frisches, opulentes Blumengesteck. Man kann ausgiebig frühstücken und Zeitung lesen, später dann zu Mittag

essen, abends wird weiß eingedeckt. Kerzen und im Winter ein Kamin verbreiten eine heimelig-festliche Stimmung unter den ausladenden Kronleuchtern.

Serviert wird klassische österreichische Küche in vorzüglicher Qualität, vom übergroßen, dünn überkrusteten Wiener Schnitzel über butterzartes Gulasch mit Semmelknödeln, Zwiebelrostbraten und Kaspressknödel bis zu perfekt gebackenen Kaiserschmarren und Apfelstrudel. Bemerkenswert ist, dass man sich aus der Karte ein mehrgängiges Menü zu einem äußerst günstigen Festpreis zusammenstellen kann.

Die Weine kommen ausschließlich aus Österreich, fast alle namhaften Weingüter sind vertreten. Gleich nebenan ist übrigens eine dem „Jolesch" angeschlossene Weinhandlung, in der sämtliche Weine vorrätig sind. Die Sache rund macht ein komplettes Angebot Wiener Kaffeespezialitäten wie Einspänner, Fiaker und Maria Theresia. Da fühlt man sich tatsächlich wie im alten Wien.

Adresse:	Restaurant und Café Jolesch	Telefon:	030 / 61 23 58 1	Öffnungszeiten:	täglich ab 11 – 24 h
	Muskauer Straße 1	Internet:	www.jolesch.de		Sa., So. und Feiertag 9.30 – 24 h
	10997 Berlin	Mail:	mail@jolesch.de		

Zum Mitterhofer

Restaurants gibt es viele in Berlin, Wirtshäuser nur wenige. Man erwartet sie zu Recht eher in südlicheren Gefilden. Ihre Einrichtung ist meist rustikal, und man kann ziemlich sicher sein, dass alpenländisch gekocht wird – was ja nicht das Schlechteste ist. Feine Küche erwartet hier niemand, doch umso mehr ein gutes, traditionelles Essen ohne Schnickschnack zu moderaten Preisen.

Das Wirtshaus „Zum Mitterhofer" erfüllt all diese Voraussetzungen mit Bravour. Hannes Mitterhofer stammt aus Südtirol, einer von der Natur gesegneten Region. Die Weißweine von dort gelten als mit die besten Italiens, die Küche ist einfach und nichts für Kaloriensparer. Fünfmal am Tag wurde früher dort gegessen, nicht zu knapp und nicht zu fettarm, aber seinerzeit leisteten die Menschen ja auch noch harte körperliche Arbeit. Die Südtiroler waren, bevor der Tourismus ihr Land entdeckte, ein armes Bauernvolk, das in einer spektakulären, grandiosen Landschaft zu Hause war.

Man war gewohnt, alle Teile eines Tieres zu verwerten, alles andere wäre ein Frevel gewesen. Hannes Mitterhofer, dessen Großmutter Köchin in einem Berggasthof war, hält es auch in seinem eigenen Wirtshaus so. Er kauft grundsätzlich ganze Tiere, Wild im Winter, ansonsten vorzugsweise Schaf, Ziege und Hammel. Dies besitzt den schönen Nebeneffekt, dass hier authentisch zubereitete Gerichte auf der Karte stehen, die man ansonsten kaum noch bekommt: Beuschel zum Beispiel, das sind Innereien wie Lunge, Herz und Leber, die in Lorbeerwasser gekocht, in Streifen geschnitten sowie in Mehlschwitze gebraten und zusammen mit Speckknödeln serviert werden.

Aus Wildschweinkopf wird Wildschweinsülze, aus Kaldaunen – vulgo Kutteln – entsteht ein nicht alltägliches Hauptgericht. Beliebt ist auch „Herrengeröstl", bei dem Tafelspitz, Bratkartoffeln, rote Zwiebeln, Majoran und Lorbeer eine äußerst wohlschmeckende Verbindung eingehen. Aber natürlich, dies sei ausdrücklich vermerkt, sind auch Klassiker wie „Wiener Schnitzel", Forelle im Essig-Gemüsemantel und ein prall mit frischen Kräutern gefülltes, ungemein delikates Stubenküken im Angebot.

Hannes Mitterhofer hat sein Wirtshaus im Sommer 2009 eröffnet, es war von Anfang an ein Erfolg im Kreuzberger Graefekiez. Die Weine und Würste importiert Mitterhofer aus seiner Heimat, das Brot backt er selbst. Im Winter sitzt man unter Reh- und Hirschgeweihen am prasselnden Kamin, und ein ausgestopftes Murmeltier schaut einem stumm beim Essen zu.

Adresse:	Wirtshaus Zum Mitterhofer Fichtestraße 33 10967 Berlin	**Telefon:**	030 / 34 71 10 08
		Internet:	www.wirtshaus-zum-mitterhofer.de
		Mail:	hannes.mitterhofer@web.de

Öffnungszeiten: Mo. bis Fr. 17 – 2 h
Sa. und So. 12 – 2h

Le Cochon Bourgeois

Als erstes wird der Gast von einem Schwein im schwarzen Anzug begrüßt. Das ebenso ungewöhnliche wie markante Ölgemälde, das dem „Cochon Bourgeois" den Namen gab, hängt direkt hinter der mächtigen Theke der ehemaligen großbürgerlichen Wohnung mit den originalen Stuckdecken und abgezogenen Dielen, in der sich eines der beständigsten und besten französischen Restaurants in Berlin befindet. Es gehört seit langem zum kulinarischen Inventar der Hauptstadt und verströmt dennoch mit seinem Ambiente und den klassisch zubereiteten Gerichten elsässischer Prägung die authentische Aura der französischen Provinz – wahrlich eine Seltenheit, nicht nur in Berlin.

Die Atmosphäre ist intim und angenehm, für diskrete Gespräche ebenso wie für romantische Abende ist das „Cochon Bourgeois" mit Sicherheit der passende Ort. Leise ist ein Klavierspieler im Hintergrund zu hören. Die Gründerzeithäuser in der ruhigen Seitenstraße sind unversehrt, das berüchtigte autonom-multikulturelle Kreuzberg ist weit weg.

Der junge Inhaber und Küchenchef Benjamin Stoeckel hat dem ohnehin guten Ruf des Restaurants, das

le cochon bourgeois

er 2006 übernahm, nochmals einen Schub verpasst. Man merkt an jedem Gang, dass er Spaß am Kochen hat und überaus ehrgeizig ist.

Da serviert er etwa gratinierte Austern, sowie Froschschenkel mit Knoblauch und Kräutern, zwischendurch ein Maracuja-Sorbet, in Burgunder geschmorte Kalbsbacken oder einen sensationell frischen, wilden Atlantik-Steinbutt mit Kartoffelschuppen, der aus einem ganz dicken Stück geschnitten ist und völlig anders schmeckt als die üblichen kleinen Exemplare. Zum Abschluss unverzichtbar und dringend

zu empfehlen ist – neben der perfekt gereiften Rohmilchkäseplatte – eine klassisch-superbe Crème Brûlée.

Die Weinkarte ist, wie es sich für ein gediegenes französisches Restaurant mit Anspruch gehört, ein dickes Buch, in dem Weine aus allen wichtigen Appellationen, darunter auch die ganz großen Gewächse aus Bordeaux, Burgund und von der Rhône verzeichnet sind. Der ebenso kompetente wie freundliche Restaurantleiter Régis Lamazère berät hier gerne und schenkt die zum Menü passenden Weine auch glasweise aus. Man kann sich blind auf ihn verlassen.

Wohl jeder, der einen Sinn für gutes Essen hat, spielt mal gerne „Cochon Bourgeois". Hier ist der rechte Ort dafür.

Adresse:	Le Cochon Bourgeois Fichtestraße 24 10967 Berlin	Telefon:	030 / 69 30 10 1	Internet:	www.lecochon.de
		Telefax:	030 / 69 43 48 0	Mail:	b.stoeckel@gmx.de

SAKE KONTOR

Mit Wein sind wir vertraut, Sake hingegen ist außerhalb Japans nur wenig bekannt. Dabei sind beide Getränke durchaus vergleichbar in ihrer Eigenart und Komplexität. Jedes von ihnen ist ein singuläres Geschmacksuniversum. Auch die Welt von Sake lohnt sich zu entdecken, unbedingt.

Hergestellt allein aus Reis und Wasser, ist Sake eines der natürlichsten und reinsten Getränke überhaupt. Zugleich verfügt es über eine Unzahl subtiler Geschmacksnuancen: vierhundert, um genau zu sein. Das sind doppelt so viele wie beim Wein. Sake gilt als „Trank der Götter", er ist eng mit der Religion des Shintoismus verknüpft und das japanische Nationalgetränk schlechthin. „Guter Sake ist wie das Wasser einer Bergquelle", heißt es in Japan.

Eine höchst engagierte Sake-Botschafterin ist Susanne Rost. Vor einigen Jahren wurde der studierten Opernregisseurin während eines Japan-Besuchs ein überaus hochwertiger Sake, ein „Daiginjo", kredenzt. So etwas hatte sie noch nie getrunken, es war ihr „Aha-Erlebnis". So wurde Sake ihr Elixier. In Berlin stellte sie fest, dass ein solcher Spitzensake nirgendwo zu finden war. Kurz entschlossen wurde sie selbst aktiv. Dies war der Beginn des Sake Kontors, mit dem Susanne Rost inzwischen eine Vielzahl von Sake-Sorten – darunter auch die allerbesten – aus Japan importiert. Längst ist sie offiziell als „Sake Specialist" ausgebildet und hat in Japan die entsprechenden Prüfungen absolviert.

Kompetenten Enthusiasten wie ihr ist es zu verdanken, dass Sake auch hierzulande immer mehr Anhänger findet. In der Gastronomie wird Sake zunehmend als Essensbegleiter ebenso wie als Sologetränk akzeptiert, es gibt Köche, die spezielle Sake-Menüs kreieren. Generell harmoniert die japanische Küche, die salzbasiert und fettarm ist, am besten mit feinem, komplexem Sake, während die europäische Küche, die ihre Grundlage in Ölen und Fetten besitzt, eher kräftige Sake-Sorten erfordert.

Welche Sorten dies sind, vermag Susanne Rost ebenso fachkundig wie anschaulich zu vermitteln. Sie bietet Kurse für Köche, Sommeliers und Kellner an und veranstaltet regelmäßig Sake-Proben für Interessierte. In ihrem Laden in Friedrichshain führt sie über 40 Sorten. Sie führen blumige Bezeichnungen wie „Wohlstand und Weisheit" oder „Das Glück des Schildkröten-Drachens", besitzen – zum Beispiel – Noten von Nashi-Birnen, Wassermelonen, Zuckerrohr und

Kiefer, oder auch verdichtete Aromen von Haselnuss und Nougat und vermögen dem Novizen eine völlig neue Welt zu erschließen.

Adresse:	SAKE KONTOR	Telefon:	030 / 21 23 76 01	Internet:	www.sake-kontor.de
	Markgrafendamm 34	Telefax:	030 / 21 23 76 01	Mail:	buero@sake-kontor.de
	10245 Berlin				

Chili Inn

Schärfe, so heißt es, ist Adrenalin für die Zunge. Und nichts vermittelt diese Schärfe geschmacksintensiver und vielfältiger als Chili. Die kleine scharfe Schote war bis Ende des 15. Jahrhunderts in Europa unbekannt, erst Kolumbus brachte sie aus der Karibik mit. Sie ist viel schärfer als der normale weiße oder schwarze Pfeffer, der damals mit Gold aufgewogen wurde, und ist mit diesem nicht verwandt. Chili gehört vielmehr zur Familie der Gewürzpaprikas.

In der Küche lässt es sich so vielseitig verwenden wie kaum ein anderes Gewürz. Jede Chilisorte besitzt ihr eigenes, unverwechselbares Aroma, zwischen den Schärfegraden liegen Welten. Sie werden in Scoville gemessen. Bei 5000 Scoville braucht es 5000 Tropfen Wasser, um einen Tropfen Tabasco zu neutralisieren.

Die Saucen von „Chili Inn" beginnen bei 7000 Scoville. Die schärfste Schote überhaupt, sie heißt Bih-Jolokia, kommt aus Indien und liegt bei einer Million Scoville. Sie wird von Bauern rund um die Dörfer angebaut, die sich auf diese Weise vor Elefanten schützen. Doch es geht noch extremer: Die schärfste Sauce im Angebot – zugleich die schärfste Sauce der Welt – heißt „The Source" und liegt bei 7,1 Millionen Scoville!

Doch derlei Rekorde interessieren Judith Nätebus und Dirk Schulz, die das „Chili Inn" seit 2007 betreiben, nur am Rande. Interessanter ist, dass Chilisaucen – die phantasievolle, Respekt einflößende Namen wie „Schwarze Witwe" oder „Salsa de la Muerte" tragen – praktisch jedes Gericht veredeln. Die süßlich-rauchigen US-amerikanischen BBQ-Saucen sind mit Himbeere oder Whiskey versetzt und besitzen deutlich weniger als 7000 Scoville. Chili verleiht auch Bonbons, Trockenfrüchten, Chips, Schokolade, Senf, Likör und vielem mehr einen charakteristischen Geschmack. Auch Bratwurst, Bockwurst und Wiener mit Chili sind im

Angebot. Über 70 Saucen sind offen und können probiert werden.

Scharf essen kann zur Sucht werden, immer schärfer soll und muss es sein. Doch zugleich gilt: Wer auf gesunde Weise scharf isst, wird seltener krank. Chili ist gut für's Immunsystem und beugt dem Herzinfarkt vor. Chili-Wirkstoffe werden seit langem erfolgreich gegen allerlei Krankheiten eingesetzt.

Die große Frage ist: Wie bekommt man die Schärfe im Mund wieder weg? Auch darauf wissen Judith Nätebus und Dirk Schulz eine Antwort: Mit Milch oder hochprozentigem Alkohol. Nimmt man an einem der Chili-Contests in Kroatien teil, bei denen um die Wette scharf, schärfer, am schärfsten gegessen wird, wird man solchen Rat wohl brauchen.

Adresse:	Chili Inn	Telefon:	030 / 75 27 80 2
	Tempelhofer Damm 207	Internet:	www.chili-inn.de
	12099 Berlin	Mail:	info@chili-inn.de

FISHERMAN'S Restaurant

Neben Küche, Service und Ambiente ist die Lage eines Restaurants mitunter von entscheidender Bedeutung. Bei „FISHERMAN'S Restaurant" kann man sie nur als traumhaft bezeichnen. Der helle, modernistische Glasbau liegt direkt an der Greenwich-Promenade, etwas zurückgesetzt vom Tegeler See. Nichts hindert den Blick über die Weite des Wassers. Wer zur rechten Zeit kommt, erlebt – wenn er Glück mit dem Wetter hat – auch einen imposanten Sonnenuntergang.

Ist schon der Blick auf den See eine Fahrt in den Berliner Norden wert, so ist die Küche fast noch attraktiver. Inhaber und Küchenchef Sören Engelmann kommt von der Pommernschen Küste, aus Greifswald, und hat sich voll und ganz auf Fisch spezialisiert. Seine Ware ist stets frisch und wird zum Teil direkt von selbstständigen Fischern an der Ostseeküste geliefert. Aus der Havel kommen Zander, Wels und Aal. Zu erwarten ist eine traditionelle Fischküche der gehobenen Art, die als ebenso wohlschmeckend wie solide zu bezeichnen ist, „Dreierlei Filet von Zander, Kabeljau und Lachs mit Rahmwirsing und Dillschaum" etwa, „Gedämpfter Kabeljau auf Gemüsestreifen" oder „Wolfsbarsch unter Kräuterkruste".

Daneben gibt es aber auch die Abteilung „Wir können auch anders", deren Gerichte nicht auf der Standardkarte stehen. Dann kocht Sören Engelmann fulminant auf und zeigt, was er wirklich kann. Da wird zum Beispiel ein perfekt abgeschmecktes „Schaumsüppchen vom Madrocas-Curry mit geflammter Jakobsmuschel mit Lavasalz und Chilifäden" serviert, ein fast auf der Zunge zergehendes „Rosa gegrilltes Thunfischsteak mit Barolo-Honig-Jus" oder eine in Zitronenöl gebratene Großgarnele, die mit Rohrzucker und Tequila flambiert und auf einem exotischen Obstsalat angerichtet wird. Dies alles geht bereits deutlich in Richtung Sterneküche und wird von Gästen, die darum wissen, auch ausnahmslos goutiert.

Das Restaurant selbst ist dezent maritim dekoriert, mit Schiffstauen, Fischernetzen und geflickten Segeln, die schon so manchen Sturm überstanden haben. Im Sommer kann man auf der weitläufigen Sonnenterrasse bei einem Glas Wein sitzen, ganz in der Nähe befindet sich Berlins einziger Anleger für Flusskreuzfahrtschiffe. Zum Spazierengehen ist die parkähnliche Umgebung ohnehin bestens geeignet. Ein besseres Ausflugsziel – das zudem gar nicht weit weg liegt – kann man sich kaum wünschen.

Adresse:	FISHERMAN'S Restaurant	Telefon:	0 30 / 43 74 64 70	Internet:	www.fishermans-berlin.de
	Eisenhammerweg 20	Telefax:	0 30 / 43 74 64 71	Mail:	info@fishermans-berlin.de
	13507 Berlin				

Weinstube Reblaus

Manchmal muss man etwas weiter fahren, um zu einer wirklich guten Adresse zu gelangen – an die nördliche Stadtgrenze von Berlin zum Beispiel. Dort, fast schon versteckt in einem ruhigen, gutbürgerlichen Reinickendorfer Wohngebiet, befindet sich mit der „Weinstube Reblaus" ein ebenso angenehmes wie unprätentiöses Restaurant, dessen Gerichte sich durch frische Zutaten allerbester Qualität, unkomplizierte Zubereitung und moderate Preise auszeichnen.

Der Name erinnert an die Anfänge vor fast drei Jahrzehnten, als Helmut Meier, der sympathische Patron und Küchenchef, aus Baden nach Berlin kam. Aus der schlichten Weinstube mit Zwiebelkuchen und Käseplatte machte er binnen weniger Jahre ein Restaurant, das nach wie vor durch seine Zuverlässigkeit und kompromisslos hohe Qualität besticht. Er ist einer Art des Kochens verpflichtet, die durch handwerkliches Ethos und unbedingte Achtung vor dem Produkt überzeugt. Persönlich fährt er jeden Morgen zum Großmarkt, er weiß, wo er jene Ware bekommt, die seinen hohen Ansprüchen voll und

ganz entspricht. Es ist mithin eine konsequent marktorientierte Küche, die er vertritt.

Jeden zweiten Tag wechselt die Karte, die Gerichte werden knapp skizziert: „Jakobsmuscheln gebraten auf Blattspinat" oder „Steinpilze mit Nudeln und Kräutern" vorneweg etwa, „Kabeljaufilet auf Kartoffelsalat, Senfsauce" oder „Geschnetzelte Kalbsnieren Dijoner Art", vielleicht auch ein „Ochsenfilet vom Grill" als Hauptgang, zum Dessert „Crème Brûlée" oder „Zweierlei Mousse au chocolat". Hier wird, das ist offensichtlich, die traditionelle französische Landhausküche in einer Qualität hochgehalten, wie man sie heute nicht mehr häufig findet: Schlicht und sorgfältig zubereitet, unter Verwendung bester Zutaten, nach klassischen Rezepten.

Das Restaurant ist klein, gerade einmal 30 Gäste finden Platz. Im Winter flackert ein Feuer im offenen Kamin, während man im Sommer draußen auf der begrünten Terrasse sitzen kann. An den Wänden hängt regelmäßig wechselnde moderne Kunst, während ansonsten – ein überaus reizvoller Gegensatz – kostbare antike Gerätschaften, wie ein silberner Weinkühler mit den Ausmaßen eines V8-Motorblocks und eine originale Entenpresse, das Ambiente bestimmen.

Der Service, den Helmut Meiers Frau Renate leitet, zeichnet sich durch besondere Herzlichkeit aus. Kein Wunder also, dass das Restaurant fast jeden Abend ausgebucht ist.

Adresse:	Weinstube Reblaus Wachsmuthstraße 19 13467 Berlin	Telefon:	030 / 40 47 2 59
		Öffnungszeiten:	Mo. bis Sa. geöffnet

Hermanns Einkehr

Hermann gab es wirklich. Der Vater von Hubert Hermann Maier schabte im Schwäbischen eigenhändig jeden Sonntagmorgen Spätzle, die dann mit Braten und Soße auf den Mittagstisch kamen. Es war ein Ritual, an das sich der Sohn noch heute gern erinnert.

Einiges von dieser Kindheitserinnerung ist in dem Restaurant bewahrt, das Hubert Maier gemeinsam mit Andreas Geiger in einer besonders schönen Ecke Berlins, nahe dem Ludwigkirchplatz führt. Serviert wird eine traditionelle schwäbisch-süddeutsche Küche, die jedoch deutlich entschlackt und verfeinert ist, ohne deshalb an Bodenhaftung zu verlieren. Renner unter den Traditionsgerichten sind Saure Nieren und Rotweinkutteln, „Gaisburger Marsch" und Ochsenmaulsalat sowie der obligatorische Sonntagsbraten, den es hier auch werktags gibt, mit Spätzle selbstverständlich, die auch hier – nach alter Väter Sitte – mit der Hand vom Brett geschabt werden.

Und natürlich die Maultaschen. Sie werden täglich frisch hergestellt, ihre Füllung besteht aus je einem Drittel Schweine-, Kalb- und Rindfleisch sowie Spinat – so und nicht anders soll es sein. Sie schwimmen in einer ebenfalls hausgemachten Rinderbrühe oder werden, mit Zwiebeln geschmelzt, mit Bratensoße und Kartoffelsalat serviert und schmecken göttlich. Dass etliche prominente Exilschwaben regelmäßig hier verkehren, unterstreicht die Authentizität und Güte von „Hermanns Einkehr" nur.

Die Ambitionen des weit gereisten Küchenmeisters Andreas Geiger – der früher im Elsass, in der Karibik und in New York gekocht hat – gehen jedoch deutlich über diese Standards hinaus. Kreationen wie ein formidabler Spätzlesalat mit Krebsfleisch, weißem Balsamico und Dill, mit frischen Pfifferlingen gefüllte Kräuterflädle oder

Lachsmaultaschen sollten unbedingt probiert werden. Zum Abschluss dann ein Apfelküchle mit Vanillesoße, und die Welt ist in Ordnung.

Während Andreas Geiger in der Küche steht und das Catering organisiert, kümmert sich Hubert Maier um den Service und die Weine. Sie stammen vor allem aus Baden und Württemberg von eher kleinen, sorgsam ausgewählten Winzern. Die Prädikatsweingüter Aldinger, Graf Neipperg und Graf Adelmann stehen beispielhaft für das hohe Qualitätsniveau, das der Gast erwarten kann.

Auch an die Biertrinker ist gedacht. Ausgeschenkt werden vier Sorten vom Fass von der Hofbrauerei Traunstein am Chiemsee, der ersten, 1612 gegründeten Weißbierbrauerei in Deutschland, darunter das berühmte naturtrübe Zwickelbier.

Adresse:	Hermanns Einkehr	Telefon:	030 / 88 71 74 75	Internet:	www.hermanns-berlin.de
	Emser Straße 24	Telefax:	030 / 88 71 74 76	Mail:	info@hermanns-berlin.de
	10719 Berlin			Öffnungszeiten:	täglich ab 17 h

Café Lehmsofa

An der Stadtgrenze im Nordosten Berlins ist es angenehm ländlich, die Straßen wandeln sich zu Alleen, weit schweift der Blick über grüne Wiesen und fruchtbare Felder. Gut ausgebaute Fahrrad- und Wanderwege führen durch die wohltuende Landschaft, viele Berliner erholen sich hier von der Hektik der Großstadt. Inmitten der Idylle befindet sich eine alte, vorbildlich restaurierte Dorfkate: das „Café Lehmsofa". Das schmucke alte Bauernhaus wurde 1820 überwiegend aus Lehm erbaut und steht unter Denkmalschutz. Acht Familien wohnten früher hier unter sehr beengten und einfachen Verhältnissen, wie man anschaulich erleben kann. Heute ist das Haus ein kleines, heimeliges Café.

Die Kanadierin Lynn Densmore führt es neben ihrem „Canadian Catering Service", für den sie weithin bekannt ist. In den liebevoll eingerichteten Räumen des Cafés dürfte der begehrteste Platz im Winter jener am kuschelig warmen Lehmofen sein, während man im Sommer gern im Hof unweit des Kräutergartens sitzt, dessen ökologisch angebaute Erzeugnisse in der Küche des „Café Lehmsofa" Verwendung finden: Rucola, Salbei, Thymian, Rosmarin und Kapuzinerkresse, um nur einige zu nennen. Auch zwei eigene Gemüsegärten befinden sich in der Nähe, deren Produkte ausnahmslos selbst verarbeitet werden.

Auch heiraten kann man in dem historischen Gebäude, die Hochzeitsfeier findet dann gewöhnlich in den Räumen des Cafés statt. Regelmäßige Kunstausstellungen gibt es dort, die alle zwei Monate wechseln. Daneben sind Kreationen aus Ton von zwei ortsansässigen Künstlerinnen zu erstehen.

Zu den beliebtesten Gerichten auf der kleinen, höchst ansprechenden Speisekarte zählen die fantasievollen Suppen und Salate. Süßkartoffelsuppe mit Ingwer und Orangen ist da etwa im Angebot, Kartoffel-Knoblauchsuppe mit Rosmarin sowie Gartensalat mit Hühnerbruststreifen in Bärlauchpesto. Weit aufwendiger noch sind die Gerichte, die Lynn Densmore als Catering zubereitet, mit Oliven und Schafskäse gefüllte mediterrane Buletten zum Beispiel oder Schweinefleisch mit karamellisierten Zwiebeln, Kirschtomaten und Rotweinsauce.

Unnachahmlich aber sind die selbst gebackenen Kuchen. Sie sind üppig, dabei nicht zu süß und ersetzen fast eine ganze Mahlzeit, ob es nun die Himbeer-Himmeltorte, der Pfirsichstreusel mit Zimt und Mandeln oder der kanadische Karottenkuchen mit Pecannüssen ist. Allein schon wegen dieser Köstlichkeiten nimmt man die etwas längere Anfahrt gern in Kauf.

Adresse: Café Lehmsofa Dorfstraße 4 13057 Berlin-Falkenberg	**Telefon:** 030 / 93 02 28 74 **Mail:** cafe-lehmsofa@gmx.de	**Öffnungszeiten:** Di. bis Do. 12 – 19 h Fr. bis So. 12 – 20 h

Gasthof „Zur Linde"

Plant man einen Ausflug ins Berliner Umland, sollte man sorgfältig auswählen, besonders, wenn man auf kulinarische Genüsse aus ist. Die bekommt man auf jeden Fall in dem kleinen Ort Wildenbruch. Er liegt einige Kilometer südlich von Potsdam in idyllischer Landschaft. Früher verlief hier die Poststraße von Berlin nach Leipzig. Es fehlen tatsächlich nur die Kutschen, und man fühlte sich komplett in einer anderen Zeit.

Auch das Dorf ist noch weitgehend so, wie es früher war. Sein weithin sichtbares Wahrzeichen ist eine markante Wehrkirche aus dem 13. Jahrhundert. Unweit davon liegt ein weitläufiges Gehöft, das Ralf und Bärbel Weißmann mit viel Engagement über zwei Jahrzehnte hinweg zu einem luxuriösen Landgasthof ausgebaut haben, der keinen Vergleich zu scheuen braucht.

Auf die vier uralten Linden, die dem Gasthof seinen Namen gaben, fällt der Blick zuerst. In dem denkmalgeschützten Gebäude fühlt man sich sofort gut aufgehoben, das historische Ambiente ist nahezu vollständig erhalten. Hinter dem überdachten Hofeingang erstreckt sich ein mit hohen Bäumen bestandener, großer Garten. In einem originalen Steinofen werden Gänse gebraten und Brot gebacken. Jenseits des Zauns ist nur noch freie Natur. Im Naturpark Nuthe-Nieplitz kommen Tier- und Pflanzenarten vor, die in Europa einzigartig sind.

Es ist ein ideales Ausflugsziel besonders für Familien. Kinder freuen sich über einen Streichelzoo und einen Abenteuerspielplatz, regelmäßig finden Veranstaltungen statt, vom Jazz-Brunch übers Osterfeuer bis zum „Weihnachtlichen Posaunenblasen". Wer eine Firmen- oder Familienfeier auszurichten hat, kommt gern in die „Linde". In der umgebauten Tenne kann man tanzen.

Die Küche zeigt eine deutliche Ambition zu Höherem, ohne deshalb auf regionale Traditionen zu verzichten: Zarter Braten vom Maibock mit Saarmunder Kartoffelplätzchen und krosses Zanderfilet auf Weißweinrisotto werden hier aufgetischt, aber auch Bärlauchcappuccino und Carpaccio vom Oktopus. Die Qualität der Produkte ist makellos: Das Fleisch etwa stammt von Hereford-Rindern, die in der Nähe auf der Weide stehen.

Jeden Monat werden Kochkurse angeboten, sogar für Kinder: Da buddeln sie Kartoffeln aus, backen Puffer und Gratin. Man versteht, dass manche Gäste gar nicht mehr weg wollen. Auf sie warten im Haupthaus fünf luxuriöse Zimmer, über der Tenne eine komfortable Ferienwohnung.

Adresse:	Gasthaus „Zur Linde"	Telefon:	03 32 05 / 6 23 79
	Kunersdorfer Straße 1	Internet:	www.linde-wildenbruch.de
	14552 Michendorf / OT Wildenbruch	Mail:	service@linde-wildenbruch.de

Florida Eiscafé

Nach Meinung vieler Schleckermäuler ist das beste Eis von Berlin in Spandau zu finden. Es ist ein geschichtsträchtiger Ort mit interessanter Vergangenheit. 1927 startete der Eisverkauf im Kino „Concordia", im Zweiten Weltkrieg wurde das Geschäft zerbombt. Eine Bretterbude diente danach als Provisorium für den Eisverkauf, in den Fünfziger Jahren wurde das Café in neuer Pracht wiedereröffnet. Doch erst seit 1984, als es der heutige Besitzer Olaf Höhn übernahm, besitzt das „Florida Eiscafé" seinen mittlerweile legendären Ruf.

Dieser Ruf wird täglich neu erarbeitet, mit einem Aufwand, der selten geworden ist: Alle Früchte werden sorgfältig ausgesucht und schonend mit der Hand geschält, die Mandeln selbst geröstet. Im Vanilleeis ist wirklich Vanille drin, sie wird frisch aus den Schoten geschabt. Künstliche Farb- und Aromastoffe werden gar nicht verwendet.

Das schmeckt man, der Unterschied zum üblichen, industriell hergestellten Eis ist evident. Es wird eine überwiegend saisonal orientierte Produktpalette angeboten, nicht alle Früchte sind schließlich das ganze Jahr über verfügbar. Die Sorten wechseln daher ständig, immer im Angebot sind etwa 10 Fruchteis- und mehr als ein Dutzend Milcheissorten.

Alle Fruchteissorten werden zu 100% ohne Milch hergestellt, das ist wichtig für Allergiker. Und obwohl Speiseeis nicht gerade ideal zum Abnehmen ist, kann man „Florida"-Eis dennoch mit

florida eiscafé

gutem Gewissen genießen: Um das Eis besonders leicht und bekömmlich zu machen, wurde der Fettanteil deutlich reduziert.

Kindheitserinnerungen werden wach vor der lang gezogenen Theke, in der die vielen Eissorten in glänzenden Stahlwannen aufgereiht sind. Leicht fällt die Entscheidung keinesfalls: Apfel und Stachelbeere, Maracuja, Kirsch und Cassis sind hier im Angebot, sowie Swiss Chocolate, Kokos, Haselnuss und Nougat. Eine flink agierende Brigade aus jungen Leuten in Hawaiihemden sorgt dafür, dass keiner lange warten muss, auch wenn der Andrang noch so groß ist. Im Café und auf der Terrasse hat man die Qual der Wahl aus über 40 Eisbecherkreationen.

Das „Florida Eiscafé" ist eine Erfolgsgeschichte ohnegleichen. In einem hypermodernen Rundbau aus Stahl und Glas gegenüber dem Spandauer Rathaus, der so genannten „Ellipse", hat Olaf Höhn daher eine zweite Verkaufsstelle eingerichtet, die zentraler gelegen und bei den Kunden genauso beliebt ist wie das Stammgeschäft.

Adresse:	Florida Eiscafé	Florida Eiscafé	Florida Eiscafé	Florida Eiscafé	**Telefon:**	030 / 36 75 77 00
	Klosterstraße 15	Altstädter Ring 1	Alt-Tegel 28	Alt-Tegel 8	**Internet:**	www.floridaeis.de
	13581 Berlin	13597 Berlin	13507 Berlin	13507 Berlin	**Öffnungszeiten:**	täglich geöffnet

mode

Niepagen & Schröder

British Clothing nennt sich der renommierte Herrenausstatter in der Unterzeile, doch wer nun ausnahmslos traditionelle Schnitte, gedeckte Farben und eine allgemein konservative Anmutung erwartet, dürfte eine Überraschung erleben.

Der gut angezogene Herr besitzt eine ungemein große Freiheit, sich nach seinem persönlichen Gusto zu kleiden, wenn das Outfit denn nur seriös erscheint.

Die Ikone des perfekt gestylten Gentlemen, Prince Charles, macht es immer wieder vor, wenn er zum klassischen Maßanzug etwa Hemden, Krawatten, Einstecktücher und Strümpfe trägt, die bewusst einen deutlichen Kontrapunkt setzen. Genau dies ist die Kunst: Weder modisch noch aufgesetzt oder gar dandyhaft zu wirken, sondern eigenständig, stilvoll und auf dezente Weise interessant.

Dies ist auch die Philosophie, die Gerhard Niepagen vertritt. Der weltmännische, weit gereiste Geschäftsinhaber ist, seinem äußeren Erscheinungsbild nach, selbst der beste Botschafter jenes ebenso geschmackvollen wie selbstbewussten Kleidungsstils, den er seinen Kunden anempfiehlt. Wichtig ist für ihn, dass man sich wohlfühlt in dem, was man trägt, über lange Jahre hinweg, ohne jemals unmodisch zu wirken. „Ein hochwertiges Tweedsakko", sagt er, „hält so lange, dass Sie es vererben können."

Natürlich werden hierfür höchste Ansprüche an Material und Verarbeitung gestellt, die Schnitte müssen zeitlos sein. Ein blauer Blazer mit Goldknöpfen etwa gehört in den Kleiderschrank eines jeden Herrn von Welt, er ist immer aktuell. Die feine Schurwolle oder der samtweiche Kaschmirstoff jedoch, aus dem die Ware von „British Clothing" geschneidert ist, macht sie für jeden, der mit der Hand nur leicht darüber streicht, zu etwas Besonderem, das man nicht so häufig findet.

Probiert man einen dieser Blazer an, so wird man rasch feststellen: Der Sitz ist tadellos, um Klassen besser als jede Durchschnittsware.

Nie würde Gerhard Niepagen einem seiner Kunden etwas verkaufen wollen, das ihm nicht steht, dazu ist sein ästhetisches Empfinden viel zu ausgeprägt. Aber er macht durchaus Mut, auch einmal selbst gesetzte Grenzen zu überschreiten und Farbe zu wagen. Vor allem die Sommerkollektion weist eine fröhliche Regenbogenpalette auf, die an Italien erinnert, wo Niepagen übrigens lange gelebt hat.

Zweimal im Jahr finden „Maßtage" statt, an denen Kunden bei einem Schneider ihre ganz persönliche Kollektion in Auftrag geben können. Dies ist dann das Nonplusultra.

Adresse:	Niepagen & Schröder	Telefon:	0 30 / 88 71 21 84	Internet:	www.britishclothing.de
	Schlüterstraße 51	Telefax:	0 30 / 88 71 95 92	Mail:	gb.britishclothing@t-online.de
	10629 Berlin				

Champ MannMode

Die echten Juwelen im Einzelhandel findet man mitunter nicht am Kurfürstendamm, sondern in den Seitenstraßen. Auch dieses kleine und geradezu intime Herrenmodengeschäft am Rande des Savignyplatzes gehört dazu. Wolfgang Thiel betreibt Champ MannMode seit über 20 Jahren mit Enthusiasmus und stilsicherem Geschmack. Sein Angebot ist auf Individualität, nicht auf die breite Masse ausgerichtet: „Das Übliche gibt es woanders", sagt er mit Überzeugung.

Künstler kaufen bei ihm ein, Architekten, Selbstständige jeder Couleur. Angesprochen sind Ästheten von Mitte dreißig bis grenzenlos nach oben. Ein gereiftes ästhetisches Empfinden, ein Gefühl für den wahren Wert von Stil und Design entwickelt man ohnehin erst mit den Jahren, weiß Wolfgang Thiel. Er führt Mode, die nicht nur für eine Saison ist: schlicht und gleichzeitig markant, unaufdringlich, hochwertig. Oberstes Kriterium ist die Tragbarkeit.

Die Ware kommt von wenigen, sorgsam ausgesuchten Herstellern: Jacken und Anzüge etwa von Doris Hartwich, edle Stricksachen von Phil Petter aus Österreich. Signum liefert Hemden, die in der sportiven Richtung mit einer geradezu unglaublichen Fülle von Designs aufwarten. Alles wird ausschließlich innerhalb Europas entworfen und produziert, aus Fernost ist nichts dabei. Oft schlüpft man in ein Teil und will es gar nicht mehr ausziehen: Es passt, in jeder Beziehung.

Wolfgang Thiel, der Germanistik und Theaterwissenschaft studiert hat, ist ein begeisterter Jazzfan und Bücherwurm. Im Hintergrund läuft meist

Bebop oder Blues, Thiels Favorit ist Miles Davis. An der zentralen Wand hängt ein großformatiges Ölgemälde von Nil Ausländer, einem Künstler, der gleich um die Ecke, ebenfalls in der Grolmanstraße, sein Atelier hat. Es stellt die berühmten drei Affen dar („Nichts hören, nichts sehen, nichts sagen"). Alles ist auf angenehme, unaufdringliche Weise abgestimmt.

Adresse:	Champ MannMode Grolmanstraße 23 10623 Berlin	**Internet:** **Mail:**	www.champberlin.com champ-berlin@arcor.de	**Öffnungszeiten:**	Mo. bis Fr. 11 – 18.30 h Sa. 11 – 17 h und nach telefonischer Vereinbarung

Reizschmiede

Schon der einprägsame Name verrät, was es in dem kleinen, liebevoll eingerichteten Geschäft unweit der Gedächtniskirche ausschließlich gibt: heiße Ware. Raffinierte, aufwendig gearbeitete Dessous und Strapse, Mieder und Korsagen sowie allerlei diskret zu benutzende, Freuden spendende Accessoires warten hier auf nicht selten kenntnisreiche, meist weibliche Kundschaft.

Schon kurz nachdem Karin Thiele im Juni 2009 ihre „Reizschmiede®" eröffnete, besaß der Laden den Status eines Geheimtipps. Heute kommt niemand mehr an ihm vorbei, wer aus einer umfassenden Kollektion absoluter Spitzenware auswählen und sich kompetent beraten lassen will.

Karin Thiele, die mit ansteckender Begeisterung bei der Sache ist, weiß, wovon sie redet. Fast ein ganzes Jahr hat sie vor der Eröffnung damit verbracht, herauszufinden, wo in aller Welt die qualitativ beste, ausgefallenste und verführerischste Ausstattung für erotische Nächte zu finden ist.

Viele Teile ihres Sortiments werden in Berlin exklusiv von ihr angeboten: wirklich schnürfähige Korsetts von „Classic Moda Moskau" etwa, aufregende Retro-Lingerie von „What Katie Did" aus England, spielerische Ruffle-Panties von „Mademoiselle Fred" aus Paris oder Spitzen-BHs von „Bonbon Lingerie" aus Estland. Sogar aus Argentinien wird Ware geliefert, extrem leichte und getüllte Dessous von der Designerin Jesus Fernandez, einer Senkrechtstarterin in der Branche. Wohl jede Frau, die einmal ihre Haut mit derart schmeichelnden Stoffen verwöhnt hat, wird nie wieder etwas anderes tragen wollen.

Wer sich für nützliches Zubehör interessiert, wird in der „Reizschmiede®" auf jeden Fall fündig. Da gibt es feinseidene Strümpfe, venezianische Fächer und Federmasken, absolut dicht sitzende Schlafbrillen sowie ästhetisch ansprechende Vibratoren der Firma „Lelo" aus Schweden, die nicht nur auf höchst angenehme Weise zuverlässig funktionieren, sondern dank ihrer ansprechenden Form und Farbe jeden Nachttisch schmücken. Ein kleines, ausgewähltes Buchsortiment zum Thema rundet das Angebot ab.

Kein Wunder, dass Karin Thiele schon viele Berlin-Touristen, die mal nur kurz bei ihr reinschnuppern wollten, als Stammkunden gewonnen hat. Diese bestellen nun telefonisch bei ihr.

Adresse:	Reizschmiede	Telefon:	030 / 23 62 45 08
	Nürnberger Straße 17	Internet:	www.reizschmiede.de
	10789 Berlin	Mail:	info@reizschmiede.de

Ono Koon

Ono Koon ist sein Künstlername, doch den Mann gibt es wirklich. Er ist einer der wenigen Modedesigner, die diesen Namen wirklich verdienen. Er ist handwerklich ein Könner, besitzt Phantasie sowie eine enorme Kreativität und macht sich profunde Gedanken über Mode, Verkaufskultur und die tatsächlichen Wünsche und Bedürfnisse seiner Kunden.

Dies wirkt sich unmittelbar auf seine Arbeit aus und auf die Art, wie er seine Mode präsentiert. Mit den bequemen Schnitten, den hochwertigen Materialien und dem anspruchsvollen Design – ein Dreiklang, der Ono Koons sämtliche Kollektionen auszeichnet – ist es nämlich nicht getan.

Sein Grundgedanke ist der Wohlfühlfaktor, der den Kunden vom Betreten des Geschäfts über die Auswahl, das Anprobieren und Kaufen begleiten sollte, so lange er die Kleidung trägt. Mit seiner Kleidung will er – ein hohes Ziel – den Menschen in seiner ganzen Individualität in Szene setzen.

Das Berliner Geschäft (es gibt noch vier weitere in Frankfurt am Main, Mainz, Hamburg und Oldenburg) ist dann auch etwas ganz Besonderes. Der erste Eindruck: Es ist klar und großzügig, man fühlt sich eher wie in einer Kunstgalerie. Tatsächlich ist Ono Koon auch Bildender Künstler, seine imposanten Werke schmücken die geschlämmten Wände aus rohem Bimsstein. Treibholzstücke, Engelchen aus

Porzellan und Buddhaköpfe setzen Akzente. Auch wie die einzelnen Kleidungsstücke drapiert sind, das ist zum Teil ganz große Kunst. Man ist nicht überrascht zu erfahren, dass Ono Koon auch die Schauspieler von Filmproduktionen und Theateraufführungen ausstattet.

Die Kleidung – Ono Koon macht Kollektionen für Frauen wie für Männer – ist von jener Art, dass man sie am liebsten gleich anbehalten möchte, wenn man sie erst einmal probeweise angezogen hat. Sie ist unglaublich bequem, sehr individuell, konsequent avantgardistisch und doch jederzeit tragbar.

Beim Entwurf lässt sich Ono Koon stets vom Stoff inspirieren, es ist für ihn ein meditativer Akt. Der Materialmix, aus Seide und Baumwolle etwa, spielt eine große Rolle, vielleicht sorgen Metallfäden für eine feine Kräuselung. Verblüffend ist die Vielseitigkeit, die vielen Stücken eigen ist: Nicht alles ist unbedingt so zu tragen, wie es auf dem Bügel hängt. Man muss damit rechnen, dass man auf offener Straße bewundernd auf das eine oder andere Kleidungsstück Ono Koons angesprochen wird, so sehr sticht es aus der Masse heraus.

Adresse:	Ono Koon	Telefon:	0 30 / 74 00 65 66	Internet:	www.onokoon.de
	Winterfeldtstraße 51	Telefax:	0 30 / 74 00 65 68	Mail:	info@onokoon.de
	10781 Berlin				

Cut For You

Natürlich kann man einen Anzug von der Stange kaufen. Doch besser sitzt ein Maßanzug. Immer. Dabei kostet er womöglich sogar weniger als Konfektionsware. Preiswerter ist er ohnehin.

Bei „Cut For You", wo sich viele Spitzenpolitiker ihre Anzüge schneidern lassen, kann man aus 6000 Stoffen der besten Weber Europas auswählen. Aus mehreren Grundschnitten und vielen Varianten wird ein Anzug konfiguriert, der wirklich einzigartig ist. Keiner gleicht dem anderen. Und er sitzt. Wer einmal einen Maßanzug trug, wird sich nie mehr mit Standardware zufrieden geben. Beate Lecloux hat dies schon oft von Kunden gehört. Als die ehemalige Modedesignerin 2003 ihr Atelier eröffnete, war sie aus dem Stand erfolgreich. Schon im ersten Monat schrieb sie schwarze Zahlen, der Erfolg übertraf alle Erwartungen: Etwa 5000 Herren haben sich bis heute von ihr einkleiden lassen, darunter viele Prominente, über deren Identität sie natürlich kein Wort verliert.

Mit einem hochmodernen 3-D-Bodyscanner wird jeder Kunde ausgemessen, die Daten werden in die Schneiderei nach Goslar oder Saarbrücken geschickt, wo der Anzug „gebaut" wird. Maximal vier Wochen dauert es, bis der Kunde ihn dann in Berlin abholen kann. Fast nie muss bei der abschließenden Anprobe noch etwas geändert werden, so exakt ist alles umgesetzt.

Zum Maßanzug gehören – genau genommen – auch ein Maßhemd und Maßschuhe. Auch die kann man bei „Cut For You" in Auftrag geben. Die Hemden sind von van Laack, auch hier kann der Kunde die Details ganz nach Wunsch miteinander kombinieren: Kragenform und Monogramm, Manschetten vielleicht und die Passform natürlich. Die rahmengenähten Schuhe stammen von Allen Edmonds in Wisconsin, USA. Sie werden in sage und schreibe 212 Arbeitsschritten hergestellt. Das Angebot komplett machen Krawatten, Fliegen, Kummerbunde und Einstecktücher der alteingesessenen Berliner Unternehmen Stange und Edsor Kronen sowie die Accessoires der deutschen Designhäuser Ascot und Sieger.

Zwar liegt der Schwerpunkt von „Cut For You" auf Herrenbekleidung, doch auch Damen können sich ihr individuelles Outfit schneidern lassen. Ob Bluse, Blazer oder Hosenanzug – auch hier befinden sich die Kundinnen in allerbester, prominenter Gesellschaft.

Adresse:	Cut For You	Telefon:	030 / 28 09 99 81	Internet:	www.cutforyou.com
	Reinhardtstraße 38	Telefax:	030 / 28 09 99 82	Mail:	info@cutforyou.com
	10117 Berlin			Öffnungszeiten:	Mo. bis Fr. 11 – 20 h, Sa. 10 – 17 h

14 oz.

Gerade in Zeiten von Krise und allgemeiner Verunsicherung, wie wir sie seit einigen Jahren durchleben, verleiht der Rückgriff auf ein vermeintlich besseres Gestern Halt und Sicherheit. In allen Bereichen erfahren Werte wie Qualität, Nachhaltigkeit und Authentizität eine Renaissance, das Erbe des Erprobten und Bewährten steht hoch im Kurs. „Retro" ist das Schlüsselwort dafür.

In der Mode geht eine bestimmte Richtung darüber noch hinaus. Die Rede ist von „Heritage". Gemeint sind damit Kleidungsstücke, die nicht modisch, sondern zeitlos und klassisch sind. Sie besitzen eine ausgeprägte Produktphilosophie und meist auch eine langjährige Tradition. Immer sind sie von einer herausragenden handwerklichen Qualität, was sie extrem langlebig macht. Solche Produkte verkaufen sich nicht durch geschickte Marketingkampagnen oder gesetzte Trends, sondern durch die ihnen innewohnende Authentizität.

Es gibt nur wenige Läden, die solch exklusive Ware anbieten. Einer davon ist das „14 oz.", (der Name, „14 Ounce", bezeichnet das Gewicht eines bestimmten Jeansstoffs). Das Geschäft ist weit über die Grenzen Berlins hinaus bekannt. Vom Verband des deutschen Einzelhandels wurde es 2009 zum „Store of the Year" gekürt. Dies liegt auch an seinem Inhaber Karl-Heinz Müller, der als das konkurrenzlose Schwergewicht der Berliner

Modeszene gilt. Er ist Veranstalter der Modemesse „Bread & Butter", die zweimal jährlich auf dem ehemaligen Flughafen Tempelhof stattfindet, über 650 Modemarken aus aller Welt versammelt und einer der Fixpunkte

der Branche ist. Das „14 oz." ist Müllers Schaufenster, in dem er tatsächlich das Beste, was weltweit zu haben ist, ständig neu zusammenstellt.

Schon die Einrichtung des Ladens vermittelt diesen Anspruch, alles atmet Geschichte hier: Das historische Holzinterieur, die Art Déco-Lampen, die Möbel vom Pariser Flohmarkt „Marché aux Puces", die Bilder des berühmten Fotografen F.C. Gundlach an den Wänden. Ein spektakuläres Schaustück ist das große Seewasseraquarium, in dem Dutzende von Quallen schwimmen.

Man kann sich hier mit Ware einkleiden, die ein ganzes Leben hält – und niemals aus der Mode kommt. Vintage Jeans von Levi's, die in San Francisco auf alten Webstühlen gefertigt werden, Chinohosen, Schuhe von Red Wing, Trickers und Alden, Dayton Boots, Barbourjacken, Reisetaschen von Filson („Since 1897"). Auch der Parka, mit dem Sir Edmund Hillary 1953 den Mount Everest bestiegen hat, ist im Angebot, und Bomberjacken, wie sie von den Fallschirmspringern der amerikanischen 210. Rettungs-Schwadron getragen werden. Bessere Kleidung gibt es nicht.

Adresse:	14 oz.	**Telefon:**	030 / 28 04 05 14	**Öffnungszeiten:** Mo. bis Sa. 11 – 20 h
	Neue Schönhauser Straße 13	**Internet:**	www.14oz-berlin.com	
	10178 Berlin	**Mail:**	store@14oz-berlin.com	

SANCTUM

Dieses Geschäft ist nur für Schwindelfreie. Ausschließlich ausgefallene und extravagante High Heels werden hier geführt: Die besten, die sich auf der Welt nur finden lassen. Mindestens 10, teilweise bis zu 16 Zentimeter hoch. Jeder Schuh ein Kunstwerk, ein Statement am Fuß der Frau, die ihn trägt. Die damit einen Auftritt hat, der sich einprägt.

In High Heels drückt die Emanzipation der Frau sich aus: Sie wirkt selbstbewusst, stark und elegant. Ihr Gang und ihr Körpergefühl verändern sich, sie erlebt sich selbst als attraktiv.

Der Unternehmensberater Kai Generlich und die Bankerin Claudia Boehringer, beide auch privat miteinander verbunden, stehen zu ihrer Passion. Am Strand von Bali, ausgerechnet, kam ihnen die Idee, einen exklusiven Laden in ihrer Heimatstadt Berlin zu eröffnen, anstatt immer nur nach London, Paris und New York zu jetten, um sich dort auf die Suche nach den ungewöhnlichsten High Heels zu begeben. Was die beiden daran fasziniert? „Die geschwungene Form", antworten sie unisono, „der imposante Absatz, das glamouröse Design. Ganz abgesehen davon, wie verführerisch sie am Fuß einer Frau aussehen." Überflüssig zu erwähnen, dass Claudia Boehringer seit Jahren schon ausschließlich hohe Absätze trägt.

Ende 2009 eröffneten die beiden ihren Shop: Klein und ungemein edel.

Die Inneneinrichtung geht auf ihre Ideen zurück: Abgerundete, mit ockerfarbenem Leder bespannte Wände, dunkle Holzpanele, Applikationen aus Edelstahl. Man fühlt sich an das Innere einer Yacht oder eines Privatjets erinnert. In der Mitte die berühmten Barcelona-Hocker von Mies van der Rohe. Vornehmer kann man keine Schuhe anprobieren.

Die stammen nur von den weltweit exklusivsten Designern: Nina Ricci, John Galliano, Michael Kors, um nur ein paar Namen zu nennen. Nicht zu vergessen die Schuhe von LaRare, die an der Unterseite über einen kleinen Ring verfügen, an dem man im Schlafzimmer so manche Leine befestigen kann...

Sämtliche Schuhe werden, raffiniert beleuchtet, wie kostbare Exponate präsentiert, man fühlt sich eher wie in einem Schmuck- als einem Schuhgeschäft. Jedes Paar umgibt die Aura des Besonderen. Was man erst beim Rein- schlüpfen merkt: Trotz der mitunter extrem hohen Absätze tragen sich alle High Heels – ob Peeptoe, Stiefel oder Pump – erstaunlich bequem, wie Claudia Boehringer versichert. Novizinnen wird ein witziges Buch von Sarah Toner empfohlen: „Wie das Tragen von High Heels zum Vergnügen wird". Für die meisten, die den Laden betreten, ist es das längst.

Adresse:	SANCTUM Sophienstraße 5 10178 Berlin	Telefon:	030 / 24 04 82 44	Internet:	www.sanctum-shoes.com
		Telefax:	030 / 24 04 82 45	Mail:	shop@sanctum-shoes.com

CORINO COXXXANO

Die interessantesten und innovativsten Geschäfte verbergen sich manchmal ganz unspektakulär im Hinterhof. Das ist typisch für Berlin. Es ist nun einmal keine Glitzerstadt wie Paris, London oder New York, hier zählt nicht der schöne Schein, und Qualität will fast immer entdeckt werden – oder sie spricht sich herum. Das ist auch im Fall von Corino Coxxxano so. Der Mann ist kein fiktives Werbelabel, er ist höchst real und sieht im Übrigen so aus, dass er ohne Weiteres für sein eigenes Label Model spielen könnte. Täglich sitzt er in seinem reinweißen, einer Mönchzelle gleichenden Atelier unweit des Touristentrubels (der doch Lichtjahre von hier entfernt scheint) und arbeitet an seiner jeweils neuen Kollektion.

Zwei davon gibt es pro Jahr, eine für Damen und eine für Herren. Sie werden in Berlin auf Messen wie der „Bread & Butter" und der „Fashion Week" vorgestellt und sind echte Haute Couture. Das heißt, jedes Kleidungsstück ist ein Unikat aufwendigster Machart, einzig und allein dafür geschaffen, die verwöhnten und zumeist überaus fachkundigen Zuschauer entlang des Laufstegs zu wahren Begeisterungsstürmen hinzureißen.

Prominente, Stars und Sternchen werden es dann auf Veranstaltungen tragen, die gewöhnlich seitenlang in der Gesellschaftspresse abgehandelt werden und von denen es nur eine Handvoll im Jahr gibt.

Mag sein, dass der eine oder andere Entwurf dann so gefällt, dass er ins Programm eines großen Modehauses, einer ganzen Kette gar aufgenommen wird. Dann mutiert die Haute Couture zum Prêt-à-porter und wird – sozusagen – für die Allgemeinheit freigegeben.

Dies kommt aber nur recht selten vor. Der Grund: Die Schöpfungen von Corino Coxxxano sind dermaßen prächtig und individuell, dass sie kaum je über den Leisten der alltagstauglichen Konfektion zu schlagen sind. Da gibt es etwa ein schlichtes schwarzes Kleid, das oben und unten mit unglaublich naturalistisch gefertigten Orchideenblüten aus Seide versehen ist. Da diese Applikationen mit dünnem Draht eingesäumt sind, können sie problemlos in der Form verändert werden, das Kleid (man möchte es kaum noch so nennen: Es ist eher ein Kunstwerk) verändert sein Aussehen ganz nach Belieben.

Jeder Entwurf des jungen Designers zeugt von einer Phantasie, die auch in der gewöhnlich leicht verrückten Modebranche ganz und gar nicht selbstverständlich ist. Wer eine dieser Kreationen trägt, steht mit Sicherheit im Mittelpunkt auch des exklusivsten Events.

| Adresse: | CORINO COXXXANO
Oranienburger Straße 1
(am Hackeschen Markt)
10178 Berlin | Telefon:
Internet:
Mail: | 0 30 / 75 45 06 88
www.coxxxano.de
corino@coxxxano.de | Öffnungszeiten: | Mo. bis Fr. 12 – 17 h
Sa. 12 – 16 h |

CORINO for men

Der Laden fällt auf. Strahlend weiß und hyperhell, versehen mit markanten schwarzen Akzenten, hebt er sich deutlich ab von den zahlreichen anderen Modegeschäften, an denen rund um den Winterfeldtplatz die Touristen in Scharen vorbeiflanieren. Der Eindruck des Besonderen setzt sich fort, wenn man den Raum betritt. Es sind, genauer gesagt, zwei Räume für Herren. In beiden findet man eine aktuelle Mode italienischen Stils, die – auch preislich – auf eine junge oder jung gebliebene, auf jeden Fall sehr hippe Klientel hin zugeschnitten ist und zumeist einen recht sportlichen Touch besitzt. Aber eben nicht ausschließlich.

Viele Teile sind so zu kombinieren, dass sie sich auch als Abendgarderobe bestens eignen, jenseits von Chanel & Co.. Was zur Zeit getragen wird in den Großstädten dieser Welt – hier findet man es: Jeans mit kunstvoll angebrachten Löchern und glitzernden Applikationen, extravagante Gürtel und Taschen, oder auch die kultigen Jeans der amerikanischen Marke MEK, die sechs Wochen im Schlamm gelegen und dadurch dessen Farbe angenommen haben. Sie werden übrigens nie gewaschen, sondern nur gelüftet.

Das Sortiment ist mit Sinn und Verstand so aufgebaut, dass man heftig in Versuchung gerät, sich nicht – wie vielleicht geplant – nur eine Hose, ein Hemd oder ein T-Shirt zuzulegen, sondern gleich ein ganzes Outfit, Modeschmuck und Schuhe inklusive. Alles passt einfach zu gut zueinander, ob

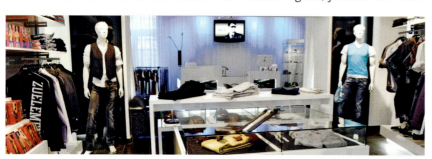

corino for men

es nun von Takeshi Kurosawa ist, von Primo Emporio, Moscanueva, Gaudi, Lee-Jeans oder Minimum, um nur einige der hier favorisierten Marken zu nennen.

Worin sich „CORINO for men" außerdem von anderen Geschäften unterscheidet, die sich an die gleiche Zielgruppe wenden: Die Ware wird saisonübergreifend angeboten. das heißt: Auch im Sommer gibt es Winterware, genauso wie im Winter Sommerware.

Dies hat sich als eine echte Marktlücke herausgestellt. Immer mehr Menschen fahren etwa im Winterurlaub in die Sonne, für sie ist es in Berlin so gut wie unmöglich, aktuelle Strandmode in größerer Auswahl zu finden – außer bei „CORINO for men".

Adresse:	CORINO for men Winterfeldtstraße 52 (am Winterfeldtplatz) 10781 Berlin	**Filiale:**	030 / 80 61 11 71	**Internet:**	www.corinoformen.de
		Zentrale:	030 / 75 45 06 86	**Mail:**	info@corinoformen.de
				Öffnungszeiten:	Mo. bis Fr. 11 – 19 h, Sa. 10 – 18 h

hà duong

Manche Kleidung verbindet man unwillkürlich mit einer gewissen Art von Musik. Bei Streetwear denkt man an Hip Hop, bei eleganten dunklen Anzügen an den Jazz der Fünfziger Jahre, bei bayrischen Lederhosen an Volksmusik und bei Westernboots und Fransenhemden an Country oder den Classic Rock der Siebziger.

Was die Vietnamesin Hà Duong fertigt, ist eindeutig große Oper, Wagner oder Verdi etwa. Ihre kostbaren Abendkleider – oft mit langer Schleppe, die zum Walzertanzen hochgebunden werden kann – sind dafür gemacht, nur bei den festlichsten Gelegenheiten getragen zu werden. Sie sind von klassischer Eleganz, bisweilen auch extravagant, stilsicher entworfen und aus hochwertigen Materialien sehr aufwendig genäht. Man fällt auf mit ihnen, das ist auch so gewollt.

Alle Entwürfe stammen von Hà Duong selbst. Die gelernte Modedesignerin lebt seit 1990 in Deutschland und eröffnete 2006 ihren edel-minimalistisch eingerichteten Laden inmitten des „Modeviertels" rund um die Hackeschen Höfe. Eine ausgeklügelte Beleuchtung setzt die Exponate ins rechte Licht, aus einem künstlichen Vogelnest ragen sorgsam drapierte Orchideen. In einem Nebenraum befindet sich die Werkstatt, in der alle Kleider von Hand gefertigt werden. In keinem anderen Shop der Gegend wird man Kleider finden, die den ihren auch nur ähneln. Ihre Kundinnen kommen aus ganz Europa, innerhalb weniger Jahre hat sich Hà Duong auch international fast nur durch Mundpropaganda einen formidablen Ruf geschaffen.

Eines ihrer Geheimnisse ist sicherlich, dass ihre Kleider schlank machen. Raffinierte Schnitte verdecken die Schwachstellen, jeder Entwurf sieht auch jenseits von Größe 40 ungemein beeindruckend aus. Ohnehin wird jedes Kleid seiner künftigen Trägerin exakt angepasst, Stoffe und Farben können individuell ausgesucht werden. Zwei Kollektionen jährlich entwirft Hà Duong, die sie an exklusiven Orten wie dem „Hotel Ritz-Carlton" oder dem „Haus der Kulturen der Welt" der Öffentlichkeit präsentiert.

Neben den festlichen Abendkleidern hat Hà Duong auch eine Anzahl – ebenfalls selbst entworfener – Jacken und Röcke, Kleider, Blusen und Mäntel im Programm, die ebenfalls höchst elegant, doch zugleich im besten Sinne alltagstauglich sind. Accessoires wie Taschen und Schals runden das Angebot ab. Auch wenn gerade einmal nicht der Wiener Opernball ansteht, ist Hà Duong eine unbedingt empfehlenswerte Adresse.

Adresse:	hà duong	Telefon:	0 30 / 23 45 58 77	Internet:	www.ha-duong.com
	Gormannstraße 24	Telefax:	0 30 / 32 59 03 00	Mail:	info@ha-duong.com
	10119 Berlin			Öffnungszeiten:	Mo. bis Sa. 12 – 19 h

Glücklich am Park

Die Kastanienallee wird – wegen der vielen attraktiven Jungen und Mädchen aus aller Herren Länder, die hier entlang flanieren – in Berlin auch „Castingallee" genannt. Sie zieht sich vom Rosenthaler Platz – einem der Epizentren des touristischen wie des kreativen Berlin – etliche Kilometer den Prenzlauer Berg hinauf. Gesäumt von Modeläden, Clubs, Cafés und Restaurants sowie Geschäften jeder Art, besitzt sie als Shopping- und Vergnügungsmeile einen Ruf wie Donnerhall. Fast überall kann man auch im Freien sitzen. Kein junger Berlin-Besucher, der die Kastanienallee nicht zumindest einmal auf- und abgelaufen ist. Wer hier als Geschäftsinhaber etwas mieten kann, darf sich glücklich schätzen.

Dies war allerdings nicht der Grund für die Namensgebung des „Glücklich am Park", das sich in exzellenter Lage gleich am Anfang der Kastanienallee, an der Ecke nächst dem Weinbergpark, befindet.

Der Name verweist vielmehr auf das „Kauf Dich glücklich" in der nur wenige hundert Meter entfernten Oderberger Straße, das als ebenso schräges wie anheimelndes, in seinem extravaganten Stil unkopierbares Café einen kultigen Ruf in der Szene genießt. Hier wie dort sind Andrea Dahmen und Christoph Munier die Macher im Hintergrund, mit dem einprägsamen „Glücklich"-Logo haben sie eine geradezu geniale Marketingidee entwickelt.

Das „Glücklich am Park" verfolgt eine Doppelstrategie: Unten werden Waffeln, Eis und Getränke verkauft, oben – in einer verwinkelten ehemaligen Zweiraumwohnung – Mode. Nicht

glücklich am park

selten passiert es, dass, wer nur mal einen Kaffee trinken wollte, mit einem neuen Kleid nach Hause geht. Das Sortiment ist so gestaltet, dass so gut wie jeder etwas findet, die junge Mutter mit Kind von nebenan ebenso wie die flippige Touristin auf der Suche nach den neuesten modischen Trends, und auch an junge Männer ist gedacht. Nicht nur Kleidung gibt es, sondern auch Schuhe, Handtaschen, Sonnenbrillen und andere Accessoires, und fast immer stechen sie deutlich heraus aus dem üblichen Modeeinerlei.

Die meisten Artikel stammen von jungen, noch nicht allzu bekannten Designerinnen wie Anna Puppe, Carla Stedile oder Unikat, die ihre Produkte nur in ganz kleiner Auflage herstellen. Regelmäßig findet ein Designwettbewerb statt, die Gewinnerin gestaltet dann die Stofftaschen, die in den „Glücklich"-Läden verwendet werden.

Am Wochenende, nicht zu vergessen, kann man opulent frühstücken und ist dann – im doppelten Wortsinn – „Glücklich am Park".

Adresse:	Glücklich am Park	Telefon:	030 / 41 72 56 51	Öffnungszeiten:	Café
	Kastanienallee 54	Internet:	www.kaufdichgluecklich.de		Mo. bis So. 10.30 – 22 h
	10119 Berlin	Mail:	hallo@kaufdichgluecklich.de		Modeladen
					Mo. bis Sa. 10.30 – 21 h

VINCENTE am Gendarmenmarkt

Die Lage am Gendarmenmarkt ist erstklassig, die Auswahl an Herrenbekleidung ebenfalls. Der männliche Körper, sagt Gerald Schindler, der unter dem Künstlernamen „Vincente" seit über zehn Jahren an dieser Stelle sein Geschäft führt, ist eine Skulptur, die erst mit der richtigen Kleidung ihre Vollendung erfährt. Diese bildhauerische Herausforderung nimmt er jedes Mal, wenn ein Kunde sich bei ihm umschaut, mit stets neuer Begeisterung und Verve in Angriff.

Ein Blick genügt, und Schindler weiß, was seinem Gegenüber steht. Mit traumwandlerischer Sicherheit und großer Geste zieht er ein Hemd, eine Jacke oder einen Pullover aus dem riesigen Fundus, zeigt mit lockerer Hand mehrere Möglichkeiten auf und schlüpft auch selbst mal rein. Er erklärt die Schnitte und Stoffe, drapiert einen Schal oder fügt einen Gürtel hinzu und weiß überzeugend zu vermitteln, warum ausgerechnet diese Kombination in diesem Fall die einzig wahre ist. Betrachtet man sich dann im Spiegel, kann man ihm meist nur recht geben.

Er verkaufe Stil und keine Mode, sagt Schindler, dem man die Begeisterung für seinen Beruf, den er eher als Passion bezeichnet, deutlich anmerkt. Er ist ein großer Entertainer, so dass der Einkauf bei ihm Erlebnis und Vergnügen gleichermaßen ist. Mehrere Dutzend Filmscheinwerfer sind nach einem ausgeklügelten Plan an der Decke verteilt, und durchmisst man in seinem neuen Outfit den lang gestreckten Laden von vorne bis hinten, kommt man sich vor wie auf dem Laufsteg.

Sämtliche Ware ist von hoher Qualität, und warum ein schlichter, schwarzer Rolli mitunter das Zehnfache der Billigware aus dem Einkaufscenter kostet, obwohl er – oberflächlich betrachtet – auch nicht viel anders aussieht, versteht man, nachdem Schindler es absolut nachvollziehbar erklärt hat.

„Wir sind viel zu arm, um billig zu kaufen", bringt er die Sache ironisch auf den Punkt.

Vieles von dem, was angeboten wird, besitzt einen ganz besonderen Kick, eine auf den zweiten Blick erst sichtbare Raffinesse. Aufgesetzt oder vordergründig wirkt hier nichts, funktional fast alles. Die Labels und Designer sind aus der ersten Reihe, einige von ihnen wird man woanders in Berlin kaum finden. Stoffe wie Tiroler Bauernleinen im Sommer und gewalkte Wolle im Winter, feinstes Kaschmir oder Leinen sowie besondere Mikrofasern, die bestimmte Entwürfe überhaupt erst möglich machen, sorgen für einen exzellenten Tragekomfort. Kein Wunder also, dass fast jeder von Vincentes Kunden gerne wiederkommt.

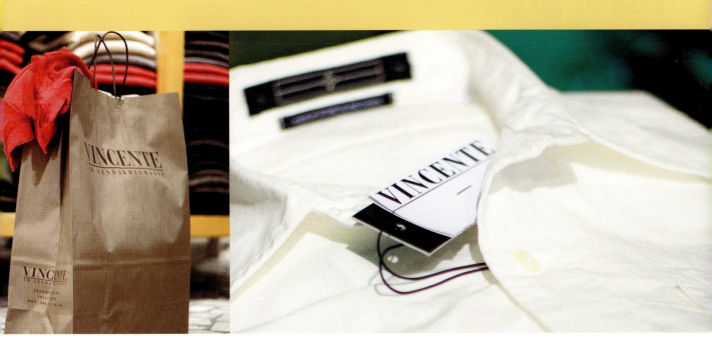

Adresse:	VINCENTE am Gendarmenmarkt	Telefon:	030 / 20 94 26 26
	Jägerstraße 59	Telefax:	030 / 20 94 26 27
	10117 Berlin	Öffnungszeiten:	Mo. bis Sa. geöffnet

Edsor Kronen

Ausgerechnet in einem Kreuzberger Hinterhof – ein typisches Berliner Paradox – findet die Kunst der feinen Lebensart ein besonders stilvolles Refugium: die Produktionsräume der Krawattenmanufaktur „Edsor Kronen". Der riesige Showroom ist in edelstem Art Déco eingerichtet, in Regalen stehen Sammlerstücke, an den Wänden hängen kostbare schottische Paisley-Stoffe aus dem 19. Jahrhundert.

Auch der Chef sieht aus, als sei er einer anderen Zeit entsprungen: Jan-Henrik M. Scheper-Stuke, noch keine Dreißig, ist das Ebenbild eines klassischen englischen Dandys und von sehr gewinnender, lebhafter Art. Natürlich trägt er eine auffallende Schleife und das passende Einstecktuch, beides ist sein Markenzeichen. Permanent entwickelt er neue Ideen, die seit 1909 bestehende Krawattenmanufaktur, mit deren Erzeugnissen sich in den Zwanziger Jahren viele Filmstars schmückten, auch nach außen hin mit seiner Person zu verbinden, einen „Brand" zu schaffen, wie es in der Modebranche heißt. Damit ist er erfolgreich. Er beliefert inzwischen nicht nur exklusive Herrenausstatter in ganz Europa, sondern kooperiert auch mit prominenten Modemachern. In Berliner Szenekreisen besitzt er einen hohen Bekanntheitsgrad. Man spricht über „Edsor Kronen".

Verfolgt man die Herstellung einer Krawatte in allen komplizierten Arbeitsschritten – was bei Betriebsführungen durchaus möglich ist – gewinnt man ein ganz anderes Verhältnis zu diesem keineswegs banalen Accessoire. Nun sind „Edsor Kronen"-Krawatten aber auch durchweg handgefertigt und aus besonders edlem Material. Sie bestehen aus feinster italienischer Seide, 1600 Stoffe werden pro Saison entworfen, einmal im Frühjahr, einmal im Herbst. Keiner gleicht dem anderen.

Der kreative Kopf dahinter heißt Günther H. Stelly, er ist Scheper-Stukes Patenonkel und hat diesem zum hundertjährigen Firmenjubiläum die Geschäftsführung übertragen. Geradezu unglaublich: Über 100.000 Krawattenvarianten hat der leidenschaftliche Kunstsammler im Lauf von dreieinhalb Jahrzehnten in seinem Atelier entworfen. Immer noch ist er voller Schaffensdrang.

Neben Krawatten braucht der Herr von Welt natürlich auch Schleifen, Kummerbunde, Kaschmirschals und seidene Hausmäntel für seine diversen Auftritte. „Edsor Kronen" hat all dies im Angebot, ausschließlich von erlesener Qualität und immer individuell.

Adresse:	Edsor Kronen	Telefon:	030 / 618 50 14	Internet:	www.edsorkronen.com
	Skalitzer Straße 100	Telefax:	030 / 618 50 11	Mail:	contact@edsorkronen.com
	10997 Berlin				

Hemdenmanufaktur Berlin

Design ist gerade in der Modebranche ein häufig missbrauchter Begriff. Allzu oft steht er für überteuerte Preise, für mindere Qualität und Schnitte, die nicht tragbar sind. Hier wollte Christian Wilhelm, als er sich 1996 selbstständig machte, ein klares Gegengewicht setzen, und zwar in einem genau definierten Segment: Herrenhemden. Er wollte nichts weniger als allerbeste Qualität zu einem unschlagbaren Preis.

Das ist ihm gelungen. Seit 2001 tatkräftig unterstützt von seiner Ehefrau! Unter seinem Label „O'to Milano" fertigt er jährlich vier Kollektionen mit etwa 100 verschiedenen Hemden, die von mehreren Hundert Einzelhändlern in ganz Deutschland verkauft werden. Restbestände aus der aktuellen Kollektion bietet er in einem kleinen Laden in Steglitz an, wo die ohnehin moderaten Preise nochmals deutlich unterboten werden: Nicht mehr als die Hälfte des Ladenpreises wird gefordert, manchmal sogar noch weniger. Hier gilt es zuzugreifen, nachbestellen ist nicht möglich. Das Geschäft ist fast ein Geheimtipp, der Stammkundenanteil ist hoch. Nicht für den Namen zahlt man hier, sondern für die Qualität.

Und die ist wahrhaft außerordentlich. Wilhelm kauft die Stoffe nicht – wie sogar bei den namhaftesten Designern üblich – in Fernost, sondern bei den besten Webern Europas, entwirft selbst und lässt in Polen fertigen. Zweimal im Monat fährt er dorthin und kontrolliert die Qualität. Feine Details haben es ihm besonders angetan: Farbige Kragenstege und bestickte Unterkragen, ein unüblich kurzer Abstand vom obersten zum zweiten quer gesteppten Knopfloch (was er sich als Patent hat eintragen lassen), reversible Kragenstäbchen.

Die Stoffe sind vom Allerfeinsten: Extrem feine und leichte „West Indian Sea

hemdenmanufaktur berlin

Island Cotton" als Spitzenprodukt, doppelt gezwirnte Garne („Two Ply") als Standard, exquisite Mischungen aus Baumwolle und Leinen. Tiefschwarze Hemden bleiben dank eines neuen Färbeverfahrens auch nach vielen Wäschen schwarz.

Anzüge, Krawatten und Manschettenknöpfe werden zugekauft, für die Damen gibt es Blusen, auf Wunsch werden auch Hemden nach Maß gefertigt.

In Steglitz ist Einkaufen vielleicht nicht so schick wie in den angesagten Bezirken Mitte, Prenzlauer Berg und Charlottenburg mit ihren zum Teil überteuerten Boutiquen, doch bekommt man hier eindeutig mehr, viel mehr für wesentlich weniger Geld. Und hinterher fragt sowieso niemand, wo man was gekauft hat.

Adresse:	Hemdenmanufaktur Berlin	**Telefon:**	0 30 / 80 40 96 00
	Hindenburgdamm 75 A	**Telefax:**	0 30 / 80 40 96 02
	12203 Berlin	**Mail:**	berlin-shirts@arcor.de

lifestyle

Elias Der Coiffeur

Elias Euler führt seinen eigenen Salon erst seit Herbst 2009, doch besitzt er einen Ruf wie Donnerhall. Nicht nur, dass er jeden Tag fast ausgebucht ist – seine Kundinnen kommen zum Teil eigens aus Österreich und der Schweiz, aus Düsseldorf, Hamburg und München eingeflogen, um sich von ihm die Haare schneiden, färben oder auch nur föhnen zu lassen. Warum tun sie das?

Das Besondere an Elias ist wohl, dass er über den Stand, dass eine gute Frisur eine Frage der Technik ist, weit hinaus ist. Die Beherrschung jeder Schnitt- und Föhntechnik ist selbstverständlich, da halten viele Friseure noch mit. Doch die Kopfform, der Fall und das Volumen der Haare, auch die Haarbeschaffenheit sind ganz individuelle Parameter, die eine jeweils eigene Behandlung erfordern, eine intuitive Herangehensweise, die in keinem Lehrbuch steht und die man sich auch durch noch so intensives Studium nicht anzueignen vermag.

Jenseits der Technik also beginnt die Kunst, und dazu braucht es echtes Talent, überbordende Kreativität, ausgeprägtes Stilempfinden und nie nachlassenden Enthusiasmus.

Dies alles besitzt Elias im Übermaß, und er vermag es – das ist entscheidend – auch auf die vor ihm sitzende Kundin (Frauen sind mit 80 Prozent in der Überzahl) zu übertragen, die von ihm eine Frisur erwartet, die ihre Persönlichkeit zur Geltung bringt, mit der sie auffällt und die zugleich ganz selbstverständlich wirkt.

Für Elias sind Haare, die in Form zu bringen sind, wie eine weiße Leinwand, die mit Farben und Formen zu füllen ist. Also macht er Vorschläge. Die gehen vielleicht in eine ganz andere Richtung als die bisherige Frisur, vielleicht auch nicht, sind aber stets überzeugend. Vertrauensvoll begibt sich die Kundin in seine Hände. Er schneidet trocken, da er so den Fall der Haare besser berücksichtigen kann, gewaschen wird erst hinterher. Farben werden ohne Folien individuell per Hand eingemalt, so dass die Strähnen bis zum Haaransatz gehen und ganz natürlich wirken. Sind sie blond, sieht es hinterher aus, als sei die Kundin sechs Wochen in Kalifornien gewesen.

Für Elias ist es wichtig, dass das Haareschneiden bei ihm ein Erlebnis ist. Der Designer Stefan Thomas Diemer hat den Salon sehr aufwendig und konsequent als Wohlfühloase in warmen Farben und mit schmeichelnden Materialien eingerichtet. Solange die Farbe einwirkt, können sich die Kundinnen in den Innenhof setzen, während des Föhnens hören sie Musik über Kopfhörer. Und sind – ja, das kann man wohl so sagen – glücklich hinterher.

Adresse:	Elias – Der Coiffeur	Telefon:	030 / 88 92 20 00	Internet:	www.eliaseuler.de
	Brandenburgische Straße 22	Telefax:	030 / 88 92 20 02	Mail:	mail@eliaseuler.de
	10707 Berlin			Öffnungszeiten:	Mo. bis Fr. 9 – 18 h
					Sa. 9 – 16 h

The English Scent

Düfte gibt es wie Sand am Meer. Beinahe jeder Modemacher, jedes Model und fast schon jeder Fußballspieler bringt einen auf den Markt. Mit den meisten dieser Erzeugnisse allerdings möchte man sich lieber nicht einsprühen, sie sind banal und austauschbar.

Da lobt man sich eine Gruppe von Klassikern, die gleichwohl immer wieder neu interpretiert werden und in ihrer Vielschichtigkeit, Unverwechselbarkeit und Reinheit ihresgleichen suchen: Traditionelle englische Düfte ausgewählter Hersteller, deren Kompositionen wesentlich komplexer, kantiger und nicht so linear sind wie der aktuelle Mainstream. Diese Firmen sind zum Teil mehrere hundert Jahre alt, sie heißen etwa J. Floris, D.R. Harris, Geo. F. Trumper oder Penhaligon's und sind meist Hoflieferanten des englischen Königshauses.

Diese Düfte haben einen hohen Wiedererkennungswert, sie riechen tatsächlich intensiv nach dem, was sie im Namen tragen. Man sollte die Augen schließen, wenn man sie probiert.

Das herb-männliche „Park Royal" von Anglia-Perfumery etwa duftet deutlich nach herbstlichem Unterholz, das feminine „Somerset" riecht richtig nach Sommer und „Wedding Bouquet" wie ein ganzer Blumenstrauß, dessen einzelne Bestandteile man sogar noch auseinander halten kann.

Lothar Ruff ist ein profunder Kenner der Materie, und er gibt sein Wissen gerne weiter. Mit seinem liebevoll eingerichteten Geschäft in Charlottenburg ist er der Einzige auf dem europäischen Kontinent, der ausschließlich englische Düfte führt. Er verfiel ihnen schon als junger Mann, als er auf einer Englandreise diese ganz eigene Welt der Dandys und der Gentlemen kennen lernte, später war er lange Jahre Dramaturg am Theater, bis er Mitte der Neunziger Jahre beschloss, sich auch beruflich seiner Leidenschaft zu widmen. Für ihn ist sein Laden – „The United Kingdom of Fragrances" nennt er ihn gern – ein Refugium für Individualisten jeder Couleur, so wie er selbst einer ist, und nur sie wissen diese besonderen Düfte schließlich auch zu schätzen.

Das hat sich herumgesprochen, nicht nur in Deutschland. Weltweit beliefert Lothar Ruff seine Kundschaft, die per Internet bestellt, mit englischen Düften und Produkten, die – vom Scheitel bis zur Sohle – für die Pflege des Körpers bestimmt sind: Vom Badezusatz bis zum Haarwasser, von der Zahnbürste mit Naturborsten über die extravagante Zahnpasta (deren Geschmack mitunter polarisiert) bis hin zur edlen Haarbürste und allerlei Rasierzubehör. „The English Scent" ist ein sehr spezieller, bewundernswerter Laden. Berlin wäre ärmer ohne ihn.

Adresse:	The English Scent	Telefon:	030 / 32 44 66 55	Internet:	www.english-scent.de
	Goethestraße 15	Telefax:	030 / 32 70 95 60	Mail:	info@english-scent.de
	10625 Berlin				

brillant Augenoptik

Wer glaubt, ein Augenoptiker berate nur beim Aussuchen von Brillen und passe Gläser an, täuscht sich gewaltig. Es ist ein höchst anspruchsvoller Beruf, der nicht nur ausgeprägte handwerkliche Fähigkeiten verlangt, die der eines Uhrmachers durchaus ähnlich sind, sondern auch große Menschenkenntnis, hohes ästhetisches Empfinden sowie einen wachen Sinn für modischen Lifestyle.

Joachim Becka verfügt über all dies. Sein schmucker Laden in der Schlüterstraße, den der Innenarchitekt Heiko Rahmstorf mit Könnerschaft eingerichtet hat, ist seit beinahe zwei Jahrzehnten ein fester Bestandteil des dortigen schnieken Szenekiezes. Vorne ist der Raum sehr hell („kalifornische Sonne" sagt Becka gern), wie kostbare Solitäre werden wenige ausgewählte Brillen auf weißen Regalen präsentiert. Ein großer, massiver Holztisch dominiert den Raum, man sitzt auf Barhockern und kann sein Gesicht mit immer wieder neuen Brillen in optimal geneigten Spiegeln über sich bequem betrachten.

Weiter hinten ist die „Kuschelecke", wo breite weiche Sessel locken. Hier probiert man jene Brillenfassungen, die Joachim Becka oder einer seiner Mitarbeiter – ausnahmslos ausgebildete Augenoptiker oder gar -meister – vorschlagen. Es sind Entwürfe von prominenten Designern wie Tom Ford oder Paul Smith, oder auch von kleinen deutschen Manufakturen wie Reiz, IC Berlin oder Götti. Alle Brillen sind ebenso edel wie zeitgemäß, und bisher hat noch jeder Kunde die richtige Brille für sich gefunden. Nicht selten wird der Wunsch geäußert, dass das Logo aus der Fassung rauspoliert werde: Der Gipfel des Understatements, dem natürlich gern entsprochen wird.

In einem gesonderten Raum wird die Sehstärke gemessen. Joachim Becka benutzt dazu das avancierte Visioffice-System, mit dem die derzeit ausführlichste Messung nicht nur der Brillenglaswerte, sondern auch des Augendrehpunkts möglich ist.

Auch kann man damit etwa feststellen, ob der Proband „Headmover" oder „Eyemover" ist und das Brillenglas entsprechend auswählen. „brillant Augenoptik" ist ausgewiesener Spezialist für Gleitsichtgläser, die sich einer immer größerer Beliebtheit erfreuen.

Es ist also viel zu tun, bis die neue Brille perfekt sitzt und man als (fast) neuer Mensch den Laden verlässt. Indes: Es ist eine angenehm verbrachte Zeit.

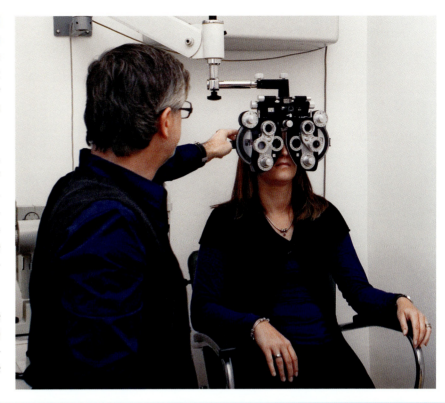

Adresse:	brillant Augenoptik	Telefon:	030 / 32 41 99 91	Internet:	www.brillant-augenoptik.de
	Schlüterstraße 53	Telefax:	030 / 32 40 98 84	Mail:	mail@brillant-augenoptik.de
	10629 Berlin				

First Club Berlin

Das „First" gibt es schon lange, seit über 25 Jahren schon, doch hat es nach wie vor einen fulminanten Ruf wie Donnerhall. Von Anfang an war es quasi das Wohnzimmer der Charlottenburger Hautevolée, und irgendwie ist es das bis heute geblieben.

Wer an den gnadenlos strengen Türstehern vorbeikommt, darf sich einbilden, dass er zu einem illustren Kreis aus Jeunesse Dorée, Geldadel und Prominenz gehört, dessen handverlesene Mitglieder es an jedem Wochenende krachen lassen. Dass zu fortgeschrittener Stunde auf den Tischen getanzt wird, ist gar nicht selten, der Champagner fließt in Strömen, und wer sich nicht bestens amüsiert, ist selber schuld.

Der nachhaltige Erfolg liegt zu einem Gutteil am Betreiber. Joachim Strecker hat sich von New Yorker Clubs inspirieren lassen, als er das „First" in den achtziger Jahren konzipierte, und immer ist er mit der Zeit gegangen, gemäß der Devise: „Alles muss sich ändern, damit alles so bleibt, wie es ist." Das jüngste Styling erinnert mit seinem Retrodesign, das konsequent auf Kreise und gerade Linien in fein abgestuften Rottönen setzt, an die wieder aktuellen Siebziger, für die dem „First" schon immer nachgesagte Dekadenz sorgen zuverlässig die Gäste.

Der richtige Mix ist entscheidend, und Strecker schafft es immer wieder, dass sich eine feierwillige Schar extravagant gekleideter Paradiesvögel, konservativer Blazerträger mit Krokodillederschuhen sowie zahlreicher altersloser schöner Frauen wie auf ein magisches Zeichen hin zu später Nachtstunde bei ihm einfindet und bis zum frühen Morgen locker durchhält.

Deren subtile Zusammensetzung komponiert er nach einer immer wieder neuen Partitur, die sein untrügliches Bauchgefühl ihm vorgibt, und wer die ebenso lockere und kommunikative, mitunter ausgelassene Stimmung im „First" einmal erlebt hat, wird ihm unbedingt zustimmen bei der Auswahl seiner Gäste.

Für die stets tanzbare Musik ist ein DJ verantwortlich, der mit seinem Mischpult und den beiden Plattentellern diskret im Hintergrund agiert und mit Ausnahme von Rap und Hip Hop, gelegentlich gewürzt mit klassischen Chansons, alle aktuellen Trends bedient. Und nicht zuletzt: Vor der Tür warten – ein nicht alltäglicher Service – zwei Nobellimousinen, deren Fahrer gute Gäste und allein stehende Frauen bis zur Haustür bringen.

Adresse:	First Club Berlin Lietzenburger Straße 48 / 50 Eingang Joachimstalerstraße 10789 Berlin	**Telefon:**	030 / 88 22 6 86	**Internet:**	www.firstclub-berlin.de
		Telefax:	030 / 88 68 29 93	**Mail:**	jostberlin@arcor.de
		Mobil:	01 72 / 6 78 44 68	**Öffnungszeiten:**	Fr. und Sa. 24 – 8 h

Zeitlos

Schaut man sich das Angebot anspruchsvoller und teurer Einrichtungshäuser einmal genauer an, könnte man glatt auf den Gedanken kommen, dass der Höhepunkt des zeitgenössischen Möbeldesigns schon fast ein ganzes Jahrhundert zurückliegt: Im Bauhaus, jener Heimstätte der Klassischen Moderne und der Avantgarde in den 1920er Jahren, die unter der Ägide vor allem von Walter Gropius in revolutionärer Weise die tradierten Prinzipien von Architektur, Kunst und angewandtem Design umstülpte und neu definierte. Bis heute wirken diese gestalterischen Prinzipien nach, oft wurden sie falsch verstanden und verwässert, doch im Kern sind sie nach wie vor gültig.

„Zeitlos" drückt diesen Gedanken schon im Namen aus. Was damals „state of the art" war, ist es auch heute noch: Werte, einmal als gut und richtig erkannt, unterliegen keiner Wandlung. Kein bisschen haben die Möbel von ihrer Faszination verloren, man sieht sie nicht als Museumsstücke, sondern sitzt auf den filigran-eleganten Stahlrohrstühlen noch genauso bequem wie ehedem. Die Lampen, Schränke, Sofas sind Kunst- und Gebrauchsgegenstände gleichermaßen.

Was natürlich auch mit ihrer überragenden handwerklichen Qualität zu tun hat. Eines der Bauhausprinzipien war es, nicht nur gestalterisch, sondern auch funktional Produkte höchster Qualität zu schaffen. So kommt es, dass etliche jener inzwischen hoch gehandelten Sammlerstücke immer noch in täglichem Gebrauch sind.

In bestimmten, darauf spezialisierten Geschäften kann man sie auch kaufen. Das in Berlin bekannteste und am besten sortierte ist ohne Zweifel „Zeitlos", das mit den anderen Einrichtungshäusern im „stilwerk" auf aparte Weise kontrastiert. Sein Inhaber Uwe Mönnikes hat bereits als Jugendlicher modernes Design gesammelt. Bauhaus ist seine Leidenschaft. Er begreift sich selbst als Wahrer und Vermittler jener Zeit. Schaut man sich in seinem Laden um, stößt man unentwegt auf Einrichtungsgegenstände und Accessoires von großer Originalität und Schönheit, die man sofort in seine eigene Wohnung integrieren möchte.

Was problemlos möglich wäre, denn Bauhausmöbel lassen sich hervorragend kombinieren mit Möbeln aus anderen Dekaden. Mönnikes bietet vornehmlich restaurierte Originalstücke an, die man auch sofort benutzen kann. Auch etliche Exponate in musealer Qualität sind darunter, die er bewusst in authentischem Zustand belässt. Im Grunde ist „Zeitlos" selbst ein Museum, aber eines zum Anfassen, zum Sitzen, zum Benutzen. Damals wie heute.

Adresse:	Zeitlos	**Telefon:**	030 / 31 51 56 31
	Kantstraße 17 (im stilwerk)	**Telefax:**	030 / 31 51 56 32
	10623 Berlin	**Mail:**	info@zeitlosberlin.de

BY OLIVER KUHLMEY

Alle sieben Jahre, so heißt es, ändert sich unser Leben in mindestens einem wichtigen Punkt, oft sogar in mehrfacher Hinsicht. Man spricht von den „magischen sieben Jahren". Wir wechseln Wohnung, Partner oder Arbeitsstelle, vielleicht gar den Beruf, ziehen woanders hin, orientieren uns – ganz allgemein gesprochen – neu. Was indes meist bleibt, schon aus Kostengründen, sind die Möbel, zumindest einige von ihnen. Mitunter begleiten sie uns ein Leben lang, vielleicht gar über Generationen hinweg. Nicht selten werden sie Teil unserer Biographie.

Sie sind auch Ausdruck unserer Persönlichkeit. Sie bevölkern unseren intimsten Raum, den Wohn- und Schlafbereich, wir haben sie täglich um uns, wir leben mit ihnen. Vielleicht sind Möbel sogar die wichtigsten Alltagsgegenstände, die wir uns anschaffen, gerade weil wir sie so selten austauschen (von Schränken aus Pappe und Tischen aus Sperrholz, die es ja auch gibt, wollen wir hier nicht reden...).

Möbel zu verkaufen ist daher eine ungemein anspruchsvolle Angelegenheit. Oliver Kuhlmey ist – als gelernter Bühnenbildner und Dekorateur – vom Fach. Zur Jahrtausendwende hat er sein damals 200 Quadratmeter umfassendes Geschäft im Stilwerk – dem exklusiven Berliner Kaufhaus für Einrichtung, Design und Lifestyle – eröffnet, heute ist es mit über 1000 Quadratmetern eines der größten dort.

Dies kommt nicht von ungefähr. Denn Kuhlmeys Anspruch geht über den Verkauf von Möbeln weit hinaus. Man könnte ihn eher als psychologisch geschulten Kreativen bezeichnen, der im intensiven Gespräch mit dem

by oliver kuhlmey

Kunden herausfindet, welche Wohnumgebung diesem vorschwebt. Dazu zählen nicht nur Möbel, sondern auch Wände, Böden und Beleuchtung, auch die Kunst spielt eine große Rolle. Erst in der Zusammenschau entsteht jenes ungreifbar Magische, was man Atmosphäre nennt und die „Seele" eines jeden Raums, einer jeden Wohnung ausmacht.

Was man aus einem Raum alles machen kann, zeigt Oliver Kuhlmey an ganz unterschiedlichen, doch immer ungemein stimmigen Beispielen. Sein loftartiges Geschäft ist wie eine große Theaterbühne. Regelmäßig, in ein- bis zweijährigem Turnus, wird alles vollständig umgebaut, dann wechselt die Anmutung komplett. Kuhlmey versucht stets den entscheidenden Spagat: Eine Wohnung soll Geborgenheit

BY OLIVER KUHLMEY

vermitteln und dennoch großzügig sein. Technik, so sie denn notwendig ist, soll Spaß machen. Und der Kunde soll sich voll identifizieren können mit seinen Möbeln. Mithin: Ästhetik soll sich mit Nutzen verbinden.

Kuhlmey nimmt den Kunden mit auf eine Reise, lässt ihn selbst unmerklich kreativ werden. Nach und nach wird offenbar, wie die Lebensgewohnheiten sind: Sitzt der Kunde lieber aufrecht oder fläzt er auf dem Sofa? Hört er gern Musik, liest er gern, oder ist der Fernseher das dominierende Möbelstück? Legt der Kunde Wert auf Beweglichkeit, bevorzugt er also variables Wohnen, oder will er – vielleicht, weil er Wohneigentum hat – alles einbauen für die Ewigkeit?

Es hat schon heiße Diskussionen gegeben zwischen Paaren, bei denen sich erst in der Stunde der Wahrheit, der konkreten Wohnungsplanung, herausstellte, wie unterschiedlich die Auffassungen doch waren.

Von der Handvoll wirklich guter Möbelproduzenten führt Oliver Kuhlmey einige der besten. Die Polstermöbel etwa von Leolux sehen nicht nur gut aus, man sitzt auch ausgezeichnet auf ihnen, überdies kann der Kunde sich aus über 1000 verschiedenen Stoffdesigns und diversen Lederbezügen sein ganz persönliches Möbelstück konfigurieren.

Der ebenfalls holländische Bettenhersteller Royal Auping ist der Erfinder der Schlafforschung, in Betten und auf Matratzen wie diesen wacht man morgens wirklich ausgeruht und tatendurstig auf.

Die kleine Manufaktur Kettnacker & Schmalenbach aus Süddeutschland schließlich, um ein drittes Beispiel zu nennen, baut Kastenmöbel wie Sideboards, begehbare Kleiderschränke und Bücherregale in handwerklich bester Qualität, die selbstverständlich ebenfalls individuell gefertigt werden.

Nicht selten kommt es vor, dass Oliver Kuhlmey, wenn er eine Wohnung eingerichtet hat, zur Einweihungsparty geladen wird. Spätestens dann weiß er, dass er alles richtig gemacht hat.

Adresse:	BY OLIVER KUHLMEY	Telefon:	030 / 31 80 88 37	Internet:	www.by-ok.de
	Kantstraße 17 (im stilwerk)	Telefax:	030 / 31 80 88 38	Mail:	kontakt@by-ok.de
	10623 Berlin			Öffnungszeiten:	Mo. bis Sa. 10 – 19 h

Lichthaus Mösch

Die Wahl der richtigen Beleuchtung ist eine der wichtigsten (und schwierigsten!) Aufgaben, wenn es um die Einrichtung einer Wohnung geht. Denn Licht ist nicht einfach nur hell: Es vermittelt Stimmungen, sorgt für Wohlbefinden, erfüllt genau definierte Funktionen. Zum Wohnen etwa braucht es ein völlig anderes Licht als zum Arbeiten, die verschiedenen Lichtquellen müssen miteinander harmonieren und sich gegenseitig ergänzen. Mit der Auswahl der richtigen Leuchte ist es noch lange nicht getan.

Das Lichthaus Mösch gibt es seit den Dreißiger Jahren und es ist von jeher eine feste Größe im Berliner Einzelhandel. Im stilwerk ist es das Geschäft mit der höchsten Kundenfrequenz. Auf 800 Quadratmetern und zwei Ebenen sind ständig über 2000 Leuchten ausgestellt.

Neben Klassikern etwa von Artemide, Swarovski und Flos findet man in regelmäßigem Wechsel auch Exponate junger, noch unbekannter Designer, denen hier eine erste kommerzielle Plattform geboten wird. Es ist eine Auswahl, die nicht nur in der Hauptstadt ihresgleichen sucht und auch via Internetshop zugänglich ist.

Genauso wichtig wie das Sortiment ist jedoch die Beratungsqualität, die geboten wird. Viele Verkäufer sind ausgebildete Elektrotechniker und wissen, wovon sie reden. Wenn es um mehr geht als den Verkauf einer Lampe oder Leuchte, um eine ganze Lichtkonzeption zum Beispiel, kommen sie zum Kunden nach Haus und erkunden die Bedingungen vor Ort. Nicht selten fragen Bauherren und Architekten an, wenn es anspruchsvolle Aufgaben in der Beleuchtungstechnik zu lösen gilt. Ein eigenes Montageteam sorgt für die Komplettabwicklung von der Planung bis zur Fertigstellung.

Auch für gewerbliche Kunden ist das Lichthaus Mösch die richtige Adresse. Etliche Berliner Hotels und Restaurants, Arzt- und Anwaltskanzleien, das ARD-Hauptstadtstudio ebenso wie das ehemalige Staatsratsgebäude und das Schwimmbad des Freizeitparks Tropical Island wurden vom Lichthaus Mösch ins rechte Licht gesetzt, meist mit eigens entwickelten Sonderleuchten, denn Lösungen von der Stange, die gibt es hier so gut wie nie. Die jüngste große Aufgabe war das neue Hotel „Hampton by Hilton Berlin" in der Uhlandstraße, weches im Herbst 2010 eröffnet hat.

Doch es geht auch eine Nummer kleiner. Wenn etwa eine Lampe durchgebrannt oder eine Leuchte zu reparieren ist – dafür ist das Lichthaus Mösch genauso der richtige Ansprechpartner.

Adresse:	Lichthaus Mösch	Telefon:	0 30 / 31 51 55 80	Internet:	www.lichthausmoesch.de
	Kantstraße 17 (im stilwerk)	Telefax:	0 30 / 31 51 55 89	Mail:	info@lichthausmoesch.de
	10623 Berlin			Öffnungszeiten:	Mo. bis Sa. 10 – 19 h

CITY-KÜCHEN

Am Anfang war das Feuer, um das unsere Vorfahren herumsaßen und aßen. Dies war die Urform der Küche. Im Lauf der Zeit machte sie einen mehrfachen Bedeutungswandel durch. Kochen und Essen trennten sich, sie bildeten zwei verschiedene Sphären. Die Extremform dieser Trennung war wohl, in den 1920er Jahren, die Frankfurter Küche: ein kleiner funktionaler Raum, in den die Hausfrau zum Kochen verbannt wurde. Mit ihren standardisierten, ergonomisch gestalteten Modulen – damals ein ungeheurer technischer Fortschritt – war sie der Prototyp der modernen Einbauküche.

Seit einigen Jahrzehnten entwickelt sich ein gegenläufiger Trend. Die Küche dient nun als Ort der Geselligkeit, wo man gemeinsam kocht, sich auf- und unterhält, isst und trinkt, vielleicht auch liebt, kurz: wo das Leben stattfindet. In modernen Wohnungen ist sie meist der zentrale Ort, um den herum sich alles andere gruppiert. Die Küche wird zur Wohnküche, sie gestaltet sich offen, nicht selten geht sie nahtlos ins Wohnzimmer über.

Im Alltag praktikabel ist dies erst, seit sich die Technik in den vergangenen Jahren enorm verbessert hat. Hocheffektive und geräuscharme Dunstabzugshauben etwa sorgen für eine weitgehend fett- und geruchfreie Luft, die ebenso elegante wie edle Gestaltung der Flächen lässt die Anmutung einer traditionellen Küche gar nicht erst aufkommen.

Deutsche Küchenhersteller sind weltweit führend, fünf Hersteller führt „City-Küchen", unter anderem Allmilmö und SieMatic. Jede Marke besitzt ihren eigenen Showroom, jede bietet neben den verschiedensten Designvarianten hochwertige Materialien, modernste Technologie und innovative

Funktionen. Doch erst auf Grundlage der detaillierten Bedarfsanalyse, in der intensiven Zusammenarbeit zwischen Kunde und Küchenplaner entsteht die individuelle, perfekte Küche.

Stefan Thomas Diemer, der – zusammen mit Mark Oliver Pyczak – „City-Küchen" seit 1996 führt, nimmt sich mit seinen Fachverkäufern viel Zeit für diese Planung (die dem Kunden nicht berechnet wird). Kompetente Planung ist das A und O und das eigentliche Kapital von „City-Küchen", schließlich kann man Küchen nicht kaufen wie Autos oder Fernseher. Wirklich existent ist eine Küche erst, wenn sie steht. Dass „City-Küchen" ein Drittel seines Umsatzes im Ausland macht, unterstreicht nur den fulminanten Ruf dieses wahrhaft außergewöhnlichen Küchenstudios.

Adresse:	City-Küchen	**Telefon:**	030 / 86 47 68 0	**Internet:**	www.city-kuechen.de
	Hohenzollerndamm 187	**Telefax:**	030 / 86 47 68 14	**Mail:**	info@city-kuechen.de
	10713 Berlin				

Carwash

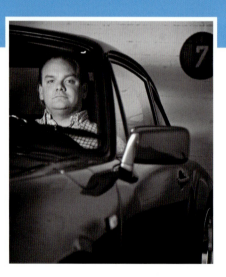

Die zweifelsfrei beeindruckendste Sammlung von Luxuskarossen in Berlin ist in einer unscheinbaren Hotelgarage an der Bundesallee zu finden. Dort bekommen sie die exquisite Sonderbehandlung, die solchen Hochkarätern gebührt: Sie werden gewartet und gereinigt, konserviert und versiegelt, gewaschen und von Hand poliert, sie erhalten spezielle Einbauten, die sie zu Unikaten machen, und ist trotz aller Sorgfalt, die ihre stolzen Besitzer ihnen angedeihen lassen, dennoch einmal ein Malheur passiert, so wird es hier mit Sorgfalt, Sachverstand und vor allem ohne Spuren behoben. Im Grunde ist „Carwash" ein Luxushotel für Autos mit angeschlossenem Wellnessbereich.

Sein Besitzer Andreas „Andy" Goersch ist studierter Jurist und hat schnelle, luxuriöse Autos schon immer geliebt. Mit „Carwash" hat er sein Hobby zum Beruf gemacht. Zwar besitzt er auch selbst einige bemerkenswerte vierrädrige Pretiosen, doch kümmert er sich seit 2003 vorrangig und mit Liebe um die Schätze anderer Leute.

Bei ihm stehen automobile Raritäten in neuwertigem Zustand wie ein Maserati MC 12, von dem es weltweit nur 50 Exemplare gibt, ein Enzo Ferrari und ein Porsche Speedster, ein türkisfarbener VW „Bully" T 1 von 1965 mit offener Plattform und Doppelkabine sowie klassische englische Sportwagen wie Triumph TR 6, Jaguar E oder MG C GT – alles Bezeichnungen, die vor allem Kennern etwas sagen. Aber hierher findet den Weg ohnehin nur, wer sich in der Materie auskennt.

Für ausgewählte Gäste lüpft Goersch schon einmal die eine oder andere Abdeckplane, mit denen die Karossen meist verhüllt sind, und wer einen Sinn für die Schönheit automobiler Extravaganzen besitzt, dem mag angesichts der hochglänzenden Geschosse aus Aluminium, Stahl und Karbon durchaus schon mal der Atem stocken.

Die Kunden von „Carwash" – Autofreaks ohne Ausnahme – bilden fast schon eine verschworene Gemeinschaft. Man kennt sich untereinander, und so wie Frauen zum Friseur gehen, kommen die Männer – ganz große Jungs – eben hierher, um locker bei einem Bier zu klönen, zu fachsimpeln und gegenseitig die Autos zu bewundern. Es ist nicht schick hier, wie in den Showrooms der großen Autofirmen, nicht ganz öffentlich, aber ehrlich. Alle teilen dieselbe Leidenschaft, das schweißt zusammen. Und wer sich – mag ja sein – noch ein außergewöhnliches Spielzeug mit vier Rädern zulegen will, dem hilft „Andy" Goersch gerne. Dann geht er auf die Suche und lässt nicht locker, bis er das perfekte Exponat gefunden hat.

Adresse:	Carwash	Telefon:	030 / 31 38 41 8	Internet:	www.carwash-berlin.de
	Bundesallee 36/37 (im NH-Hotel)	Telefax:	030 / 86 39 65 16	Mail:	carwash_berlin@yahoo.de
	10717 Berlin				

Lichtraeume

Wohl jeder, der in Berlin unterwegs ist, hat gewiss schon einiges davon gesehen, was das Team von „Lichtraeume" sich hat einfallen lassen: Beleuchtete Werbetafeln an den Wänden diverser Bahnhöfe etwa oder den weithin sichtbaren grünen Kubus auf der Spitze der AOK Berlin Brandenburg in der Wilhelmstraße – markante Gebilde, mit denen der öffentliche Raum nachhaltige Gestaltung erfährt. Auch repräsentative Foyers, Hotels, eine Kinderarztpraxis sowie private Residenzen tragen diese charakteristische Handschrift.

„Lichtraeume" wurde aus der Idee geboren, dass die Konzeption und Realisierung von Innen- wie Außenräumen eine fächerübergreifende, quasi ganzheitliche Aufgabe ist: Gefordert sind Kompetenzen aus Architektur, Psychologie, Industriedesign und Elektrotechnik gleichermaßen. Experten haben sich gefunden, Fatih Gerçek und Milko Muralter, sie gründeten 2008 – in einem Berliner Architekturbüro – voller Elan eines jener Start-ups, in denen nicht selten jene bahnbrechenden Innovationen entwickelt werden, die dann später Allgemeingut werden. Verstärkt haben sie sich durch die Architekturpsychologin Susana Ferreras.

Der Schlüssel zum Erfolg des Planungs-, Beratungs- und Gestaltungsbüros liegt in der Erkenntnis, dass energieeffiziente Lichtsysteme eine entscheidende Rolle für das Wohlbefinden spielen. Eine Lösung von der Stange kann es hier nicht geben, weshalb auch für jede einzelne Aufgabe eine detaillierte Bedarfsanalyse angefertigt wird, in die verschiedene theoretische Ansätze einfließen. Daraus erst – also keineswegs intuitiv – erwachsen dann jene verblüffenden kreativen Raumkonzepte, für die „Lichtraeume" inzwischen bekannt ist.

lichtraeume

Da sind etwa Lichtelemente in den Boden integriert, die aufleuchten, wenn man darübergeht. Kommerzielle Logos erscheinen als kunstvolle Lichtskulpturen, für das Büro ein abgestimmtes Lichtspektrum, das je nach Tagesbedarf leistungs- oder regenerationsfördernd wirkt. Für Hotelzimmer wird mit natürlicher Lichtfarbe ein Sonnenaufgang simuliert, der den Gast zur gewünschten Zeit weckt.

Möglich ist dies alles nur, weil die LED-Lichttechnik in den vergangenen Jahren ganz entscheidend verbessert worden ist. Sie ist störungs- und wartungsfrei, besitzt die hundertfache Lebenszeit von herkömmlicher Beleuchtung und verbraucht wesentlich weniger Strom. „Lichtraeume" setzt sich das Ziel, LED alltagstauglich zu gestalten. „Licht" Raeume „Leben".

Adresse:	Lichtraeume	**Telefon:**	030 / 27 59 08 75	**Internet:**	www.lichtraeume.com
	Lützowstraße 102-104	**Telefax:**	030 / 27 59 08 77	**Mail:**	kontakt@lichtraeume.com
	10785 Berlin				

Exclusiv-Yachtcharter & Schifffahrtsgesellschaft

Berlin – zumindest Teile davon – kann man gut zu Fuß erkunden, mit dem Bus oder auch per Fahrrad: Für alle Varianten gibt es eine Vielzahl von Stadtführungen, die mit ganz unterschiedlichen Schwerpunkten angeboten werden. Selbst für viele Berliner jedoch dürfte es eine ganz neue Perspektive bedeuten, sich die Stadt einmal vom Wasser aus anzusehen.

Immerhin bieten Berlin und sein Umland das größte zusammenhängende Gewässernetz Europas. Spree, Havel, drei weitere Flüsse sowie sechs Kanäle durchschneiden die Stadt, sie summieren sich zu Wasserstraßen von über 180 Kilometern Länge. Da lässt sich so einiges abfahren, ganz entspannt und ohne Stau. Man bekommt eine anschauliche Vorstellung davon, wie vielfältig und immer noch im Werden begriffen Berlin doch ist.

Der Blick vom Wasser bringt es mit sich, dass nicht immer nur die Schokoladenseite der Stadt zu sehen ist, doch gerade das macht die Flusspartie zu etwas Besonderem.

Auch Ruinen und Brachen ziehen am Ufer vorbei, so manch marode Rückseite prächtiger Fassaden, aber auch Beispiele ehemaliger Industriearchitektur, die mit immensem Aufwand restauriert und umgewidmet worden sind. Teure Lofts, Büros und Studios befinden sich nun in den ehemaligen Schmuddelecken, solche Gegenden sind schick geworden.

Die Touren dauern unterschiedlich lang, aber zwei Stunden sollte man schon einplanen. Eines der Schiffe ist sogar ein originaler Schaufelraddampfer. Man schippert – so einer der Routenvorschläge – auf der Spree durchs Regierungsviertel in Richtung Osten, unter der Oberbaumbrücke durch und an der Speicherstadt sowie dem mit Graffitis geschmückten Mauerrest der „East Side Gallery" entlang, betrachtet die historischen Schiffe im alten Hafen, passiert die Mündung des Landwehrkanals in die Spree. In der Mühlendamm-Schleuse wird das Schiff eineinhalb Meter angehoben (und auf dem Rückweg wieder abgesenkt). Erstaunt stellt man fest, dass fast alle wichtigen Gebäude auch gut vom Wasser aus zu sehen sind – nur wesentlich stressfreier.

Jeder Kilometer der kleinen Reise ist interessant, man erfährt so manches, was nicht in jedem Reiseführer steht. Überdies hat Käpt'n Carsten (siehe Foto links) – manchmal ist es auch der Reeder Rainer Klopitzke selbst – mit Mutterwitz und Berliner Schnodderschnauze allerlei Anekdoten auf Lager, die für den Besucher das Bild von Berlin erst richtig rund machen.

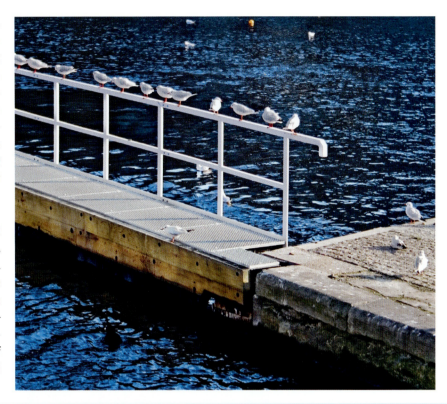

Adresse:	Exclusiv-Yachtcharter & Schifffahrtsgesellschaft Holsteiner Ufer 42 10557 Berlin	Telefon:	030 / 43 66 68 36	Internet:	www.exclusiv-yachtcharter.de
		Telefax:	030 / 43 15 56	Mail:	info@exclusiv-yachtcharter.de
		Mobil:	0172 / 38 39 731		

brillant Mitte

Vis à vis des Friedrichstadtpalastes haben Joachim Becka und Andreas Walter 2009 einen hell strahlenden Laden eröffnet, der Augenoptik auf höchstem Niveau verspricht. Der Grundstein hierfür wurde 2001, direkt um die Ecke, in der Reinhardtstraße gelegt. Mit seiner weiten, offenen Raumaufteilung erscheint „brillant Mitte" als der Prototyp eines modernen, urbanen Brillengeschäfts.

Wie schon in der Reinhardtstraße hat Heiko Rahmstorf die Inneneinrichtung entworfen, auch hier trifft man auf die edel-zurückhaltende Präsentation weniger ausgesuchter Brillenmodelle als Stilmittel, die durch solchen Minimalismus erst recht zur Geltung kommen. Die stilvolle und reduzierte Darbietung der exklusiven Fassungen unterstreicht, was der Kunde intuitiv vermutet: Weniger ist mehr.

Dabei ist die präsentierte Auswahl in den unterschiedlich angeordneten, teils verspiegelten Kästen, die sich zu einem großen Setzkasten zusammenfügen, nur ein Auszug aus dem vorhandenen Brillenrepertoire. Mehr als 1000 Fassungen befinden sich in hochwertigen Vitrinen. Während der intensiven Beratung überrascht das „brillant"-Team oft mit versteckten Schätzen, die aus den fast unsichtbaren Schubladen hervorgezaubert werden.

Es ist die Mischung aus hoher Kompetenz und adäquatem Rahmen, die für das Geschäft einnimmt. Das Ambiente ist stilvoll, die Atmosphäre ebenso lässig wie angenehm. Der hintere Beratungsraum erinnert mit seinen Minotti-Sofas an einen Salon. Hier kann es sich der Kunde bequem machen, Kaffee trinken oder Zeitung lesen, der interessierte Betrachter kann zusehen, wie durch modernste Technik, handwerkliches Geschick und Liebe zum Detail aus einer Fassung und zwei Gläsern eine individuell ausgemessene und anatomisch perfekte Brille entsteht.

Als Gleitsichtspezialist verfügt das Geschäft selbstverständlich über ein computergesteuertes Zentriergerät, das für die Anpassung dieser Gläser besonders wichtig ist. Weitere Messeinheiten zur Stärkenbestimmung und Kontaktlinsenanpassung befinden sich ebenfalls in separaten Räumen. So macht Kaufen Spaß und der Kunde kann zu jeder Zeit sicher sein, dass er die für ihn optimale Brille erhält.

Adresse:	brillant Mitte	**Telefon:**	030 / 27 90 89 91	**Internet:**	www.brillant-augenoptik.de
	Friedrichstraße 133	**Telefax:**	030 / 27 90 89 92	**Mail:**	mitte@brillant-augenoptik.de
	10117 Berlin				

Flower and Art

Viele glauben, einen „grünen Daumen" zu besitzen, doch Blumen und Grünpflanzen so zu arrangieren, zu Gestecken, Sträußen und Buketten, dass sie zu faszinierenden Schmuckstücken werden – dies ist eine hohe Kunst.

Elis Baier beherrscht sie in Vollendung. Das Geschäft der gelernten Floristin – dessen Inneres von einem prunkvollen Holzschrank aus Damaskus beherrscht wird – gilt als eines der besten und innovativsten Berlins. Es liegt leicht erreichbar nur sieben Minuten vom Hauptbahnhof entfernt.

Nicht ohne Grund ist „Flower and Art" der einzige Blumenladen, der auf den regelmäßig stattfindenden Berliner Hochzeitsmessen vertreten ist, nicht ohne Grund fragen Ministerien und Botschaften, große Firmen und der Bundesrat bei Elis Baier an, wenn eine Veranstaltung floristisch auszustatten ist. Dies geschieht stets auf eine ganz individuelle, dem Anlass angemessene Weise. Was typisch ist für andere Länder, findet sich in der Blumendekoration wieder: Die Niederlande werden mit Tulpen bedacht, Frankreich mit Lavendel und Kanada mit Ahorn, und auch ganze Nationalflaggen werden mitunter allein durch Blumen dargestellt. Große Pflanzen können leihweise geordert werden, und sollen sie – was gar nicht selten vorkommt – an Ort und Stelle bleiben, so werden sie auch weiterhin von Elis Baiers Team sorgsam gepflegt.

Auch viele anspruchsvolle Restaurants beziehen ihren täglichen Blumenschmuck von „Flower and Art". Etliche Firmen haben Listen mit den Geburtstagen ihrer Mitarbeiter hinterlegt, so dass diese regelmäßig mit einem Blumengruß überrascht werden.

flower and art

"Die Kunst liegt im Detail", sagt Elis Baier. Sie meint damit, dass sie jeder einzelnen Blüte, und sei sie noch so klein, ihre Aufmerksamkeit widmet, so dass sie im Ensemble ihren Platz findet und perfekt zur Geltung kommt. Ein Rezept, wie Blumen eindrucksvoll zu arrangieren sind, gibt es nicht, es braucht vielmehr Talent, Inspiration und Fantasie. Genau deshalb unterscheiden sich die Sträuße und Gestecke von Elis Baier auch so deutlich von jenen, die an jeder Straßenecke zu kaufen sind.

Adresse:	Flower and Art	Telefon:	030 / 46 06 60 66	Internet:	www.flowerandart.de
	Müllerstraße 176	Telefax:	030 / 46 06 60 66	Mail:	info@flowerandart.de
	13353 Berlin	Mobil:	0174 / 32 05 64 9		

Glanzstücke

Früher konnte sich Kirsten Pax nicht vorstellen, jemals Schmuck zu tragen. Heute handelt sie damit und trägt mit Stolz und Vergnügen die exquisitesten Stücke. Der Funke sprang über, als sie Mitte der Neunziger Jahre über die Portobello Road in London bummelte und einige witzige Clips und Ketten aus den Swinging Sixties erstand, die sie sogleich in die Sammlung von Kleinantiquitäten aus Art Déco und Jugendstil aufnahm, mit deren Verkauf die studierte Betriebswirtschaftlerin damals ihren Lebensunterhalt verdiente.

Aus einigen wenigen Stücken wurden bald so viele, dass sie zwei Vitrinen füllten, seit 1999 führt Kirsten Pax ihr kleines, feines Geschäft am prestigeträchtigen Standort der Hackeschen Höfe, wo sie sich ganz auf europäischen und amerikanischen Modeschmuck des 20. Jahrhunderts, insbesondere aus den 20er bis 60er Jahren, spezialisiert hat: Von geometrischem Art-Déco-Schmuck aus Bakelit und Chrom bis zu glamourösem Silber- und Strass-Geschmeide aus der Nachkriegszeit.

Ein Schwerpunkt liegt auf signiertem Modeschmuck aus Amerika, der von seinerzeit berühmten Firmen wie Trifari, Coro oder Weiss hergestellt wurde. Da findet man etwa den legendären „Jellybelly", einen Fisch aus Sterlingsilber und Lucite (einem Kunststoff auf Acrylbasis), die patentierte „Duette", hinter der sich zwei Broschen in einer

verbergen, oder unglaublich aufwendig gearbeitete Blütenbroschen aus der selben Zeit, dazu Armreifen, Ketten, Ohrclips und Manschettenknöpfe.

Gemeinsam ist allen Stücken, dass sie phantasievoll, originell und witzig sind, die damaligen Designer legten eine überbordende Kreativität an den Tag. Ständig ist Kirsten Pax auf der Suche nach weiteren außergewöhnlichen Originalstücken. Meist wird sie in Amerika fündig, wo sie sich über die Jahre hinweg ein Netzwerk darauf spezialisierter Antikhändler aufgebaut hat.

Die einzigen zeitgenössischen Stücke im Laden stammen von der Stuttgarter Firma Langani, die an die große Tradition des vorigen Jahrhunderts anknüpft und schöne Stücke aus Kunststoff, Glasperlen und Steinen herstellt.

Eingerichtet hat Kirsten Pax ihr Geschäft ganz im Stil der Zwanziger Jahre, mit alten Werbeköpfen, Vitrinen und Bildern, mit originalen Spiegeln und Lampen, einem seltenen Parfumautomaten und Sesseln, die mit Leopardenmuster bezogen sind. Es ist eine ganz eigene Welt, aus der man sich nur zu gern ein Andenken mitnimmt.

Adresse:	Glanzstücke	Telefon:	030/2082676
	Sophienstraße 7/Hackesche Höfe	Internet:	www.glanzstuecke-berlin.de
	10178 Berlin	Mail:	info@glanzstuecke-berlin.de

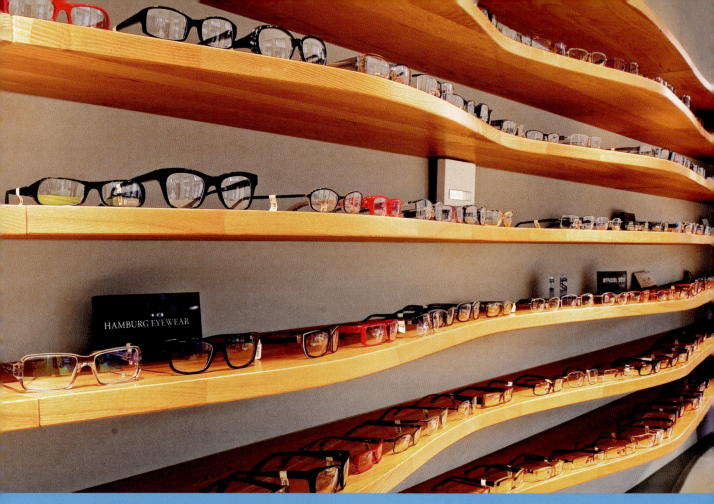

Brillenwerkstatt

Schon der Name „Brillenwerkstatt" lässt vermuten, dass sich Norbert Kähler ganz bewusst auf jene lange Tradition bezieht, in der Sehhilfen – und nichts anderes sind ja Brillen – noch nicht industriell, sondern mit filigraner handwerklicher Technik als kostbare Unikate gefertigt wurden.

Schon Archimedes, im antiken Griechenland, soll einen am Kopf befestigten Kristall zur Sehkorrektur getragen haben. Vor rund tausend Jahren wurden in China einfache Glaskugeln, sogenannte Lesesteine, beim Lesen auf die Schrift gelegt, die auf diese Weise vergrößert wurde. Um 1275 dann berichtete Marco Polo von Chinesen, die gerahmte Linsen vor den Augen trugen. Sie wurden mit Hilfe schwerer Schnüre über den Ohren fixiert. Wenig später kamen Brillen auch im Abendland auf.

Das erste Porträt eines Brillenträgers findet sich um 1350 auf einem Gemälde des Künstlers Tommaso di Modena. Mit der Erfindung des Buchdrucks stieg die Nachfrage nach Lesehilfen sprunghaft an. Linsen wurden noch nicht nach festen Vorgaben geschliffen, die Sehhilfen waren noch recht unhandlich und schwer. Auf Anregung von Benjamin Franklin wurde 1760 – ein gewaltiger Fortschritt – die erste bifokale Brille hergestellt. Sie vereinigte die Korrektur von Kurz- und Weitsichtigkeit. Die erste Kontaktlinse schließlich kam 1950 auf den Markt.

Norbert Kähler, der eher einem Künstler oder Intellektuellen gleicht, weiß über diese Entwicklung exzellent Bescheid. Früher hat er noch von Hand geschliffen, heute werden die Gläser bei darauf spezialisierten Betrieben über Nacht bestellt. Das Schneiden der Brillengläser, also das Einpassen in die Fassung, wird in der „Brillenwerkstatt" selbst mit einer hochmodernen, computergesteuerten CNC-Maschine vorgenommen. Etwa 5000 Brillen sind ständig auf Lager, darunter alle renommierten Marken. Die teuerste kostet rund 1700 Euro und ist ganz aus Gold gefertigt.

Doch der Preis ist gar nicht so entscheidend. Viel wichtiger ist, dass die Brille der Persönlichkeit ihres Trägers entspricht, ja ihr überhaupt erst den perfekten Ausdruck verleiht. Dies zu beurteilen, ist eine Sache von Intuition und Erfahrung, über beides verfügen Norbert Kähler und seine Mitarbeiter – alles ausgebildete Augenoptiker – reichlich. Man kann sich auf ihr Urteil unbedingt verlassen, viele Stammkunden bezeugen es. Selbstverständlich gehört zum Service die kostenlose Messung der Sehstärke mit modernstem Equipment, eine eigene Werkstatt im Untergeschoss sorgt dafür, dass jeder Kunde schnellstens die bestellte Brille erhält.

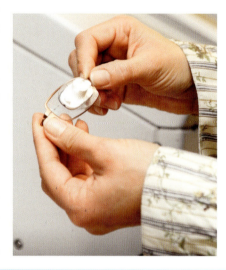

Adresse: Brillenwerkstatt
Dircksenstraße 48
10178 Berlin

Internet: www.brillenwerkstatt.de
Mail: mitte@brillenwerkstatt.de

Classic Tattoo Berlin

Daniel Krause geht seinen Kunden unter die Haut. Er ist einer der bekanntesten Tattoo-Künstler überhaupt, Weltreisender, ehemaliger Punkrocker, Berliner Urgestein der ersten Stunde. In sein Studio kommen Prominente und Menschen wie Du und ich, um sich tätowieren und piercen zu lassen. In der Tattooszene spricht man nur mit Hochachtung von ihm. Er gilt als ebenso stilsicherer wie handwerklich perfekter, einfühlsamer Könner.

Daniel Krause ist selbst großflächig tätowiert. Er kennt den magischen Moment, in dem die Nadel in die Haut eindringt und sie unwiderruflich zeichnet, aus vielfachem eigenen Erleben. Er hat sich lange und intensiv damit beschäftigt, was Menschen dazu treibt, ihren Körper dauerhaft zu modifizieren, die mitunter nicht unbeträchtlichen Schmerzen und Unannehmlichkeiten klaglos zu ertragen und dies als einen Akt der Befreiung zu begreifen.

Es ist eine Jahrtausende alte Tradition, die sich hier fortsetzt. Schon immer haben sich Menschen tätowieren lassen, sie haben damit ihrer Individualität, ihrem gesellschaftlichen Status sowie ihrem Lebensgefühl sinnfälligen Ausdruck verliehen. Tattoos dienen ebenso als Provokation wie als Ausweis von Gruppenzugehörigkeit. Oft sind sie voller geheimer Zeichen und Botschaften, die nur Eingeweihte lesen können. Sie grenzen ab und polarisieren – mit Absicht. Zum

Tattooing gehört auch ein gewisser Exhibitionismus.

Daniel Krause weiß: Sich tätowieren zu lassen, fordert zunächst einmal Überwindung, Hingabe und Vertrauen.

Es ist eine radikale Entscheidung, denn Tattoos sind nur schwer, wenn überhaupt, wieder rückgängig zu machen. Doch Tattoos können zur Sucht werden, zur Ersatzdroge gar. Die Hemmschwelle sinkt. Als Tätowierter hat man ein anderes Körperbewusstsein, manche behaupten: Mehr Selbstvertrauen, tiefere Emotionen, besseren Sex. Mit einem Wort: mehr Intensität, nachzuvollziehen wohl nur von jenen, die sich selbst der Nadel ausgeliefert haben.

Der Vorgang des Tätowierens ist ein blutiger und magischer Moment, aus dem heraus – wenn ein wahrer Meister am Werk ist – faszinierende Körperbilder entstehen, die ihren Träger dauerhaft mit Stolz erfüllen. Bei Daniel Krause kann man sicher sein, dass dies auch wirklich so ist.

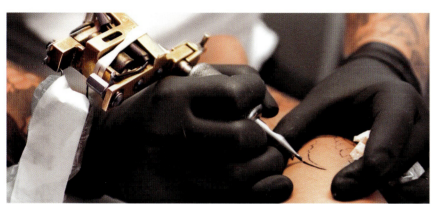

Adresse:	Classic Tattoo Berlin	**Telefon:**	0 30 / 44 03 44 33
	Torstraße 37	**Internet:**	www.classictattooberlin.de
	10119 Berlin	**Öffnungszeiten:**	Mo. bis Sa. geöffnet

kunstschule

Die „kunstschule" ist gar keine. Sie ist vielmehr ein Geschäft, wie es in Berlin kein zweites gibt. In ihm sind so viele außergewöhnliche und originelle Dinge versammelt, dass sie für den arglosen Flaneur rasch zu Objekten der Begierde werden.

Es ist eine Kunst, ein solches Geschäft aufzubauen und mit Ware zu bestücken. Die beiden Schwestern Jennifer und Melanie Nölken – Innenarchitektin die eine, Architektin die andere – besitzen ein Faible für das Besondere, Einmalige. Ihr Ziel war ein Laden, in dem Künstler und Kunsthandwerker ihre Erzeugnisse verkaufen können: Multiples, also Kleinserien origineller Produkte, die sonst nirgendwo erhältlich sind.

Deren Problem ist fast immer der Vertrieb: Größere Geschäfte, Kettenläden gar, benötigen auch größere Mengen, welche die Künstler aber gar nicht liefern können, außerdem sind nur die wenigsten Produkte so kommerziell, dass sie für Großserien interessant sein könnten. Sie wenden sich an Käufer, die einen Sinn fürs Schräge, mitunter nutzlos Schöne, gewiss aber für gutes Design mit funktionalem Aspekt haben.

Dies war die Nische, die Jennifer und Melanie Nölken zielsicher besetzten. Im Nebenzimmer gehen sie weiterhin erfolgreich ihren erlernten Berufen nach. Die „kunstschule" ist ihre Passion, ihr zweites Standbein auch. Was man da alles findet, überzeugt nicht selten auf Anhieb, verleitet oft zum Schmunzeln: Stühle mit Söckchen statt Filzgleitern, ein „Hungertuch" fürs Baby (vulgo Lätzchen), ein überaus praktischer Original-Swissair-Trolley, wie er auch im Flugzeug von Stewardessen benutzt wird, ein Modell des Berliner Fernsehturms am Alexanderplatz im Maßstab 1:1000 mit einem Meisenknödel statt der futuristischen Kugel und der Aufschrift „Futteralex" – um nur drei beliebige Beispiele zu nennen. Etliche Objekte gehören zur „kunstschule Edition", sie sind eigene Kreationen, die auch selbst produziert werden.

Viele Produkte entstehen direkt aus einem konkreten Problem heraus, der „Parmer" etwa: Vollständig heißt er „Parkplatzmerkassistent" und besteht aus einer magnetisierten, an der Wand zu befestigenden Metallplatte mit einem aufgedruckten, individuell erstellten Stadtplan, der die Umgebung des Hauses zeigt, in dem der Käufer wohnt. Dazu gibt's ein Spielzeugauto, das an jene Stelle kommt, wo man sein „richtiges" Auto abgestellt hat, so dass man's am nächsten Morgen sofort wieder findet. Das ist ebenso pfiffig wie originell und bringt somit recht gut die Idee zum Ausdruck, auf der die „kunstschule" basiert.

Adresse:	kunstschule	Telefon:	030 / 29 77 93 61	Internet:	www.kunstschule.net
	Hufelandstraße 13	Telefax:	030 / 29 77 93 63	Mail:	post@kunstschule.net
	10407 Berlin				

Equipage

Berlin ist mit Sicherheit deutlich hedonistischer, freizügiger und toleranter als jede andere deutsche Stadt. Legendär sind die Zwanziger Jahre, als in den Bars, Clubs und Varietés jeder Spielart von Neigung, Lust und Obsession gefrönt wurde, die überhaupt nur denkbar ist. Niemand störte sich daran, es war wie ein immerwährender Tanz auf dem Vulkan, der denn auch abrupt beendet wurde.

Einige wenige Clubs versuchen an diese Tradition anzuknüpfen, sie sind die Zufluchtsorte jener Freidenker, die keiner bestimmten Szene zuzuordnen sind. Das „Equipage" etwa bietet, seinem Selbstverständnis nach, ein burleskes Zuhause für die „Fetish-SM-Gothic-Kinky-Gemeinde". Sie ist gewiss recht heterogen, besteht aber ausnahmslos aus Nachtschwärmern mit einem ausgeprägten Anspruch an Ästhetik, Verdorbenheit und Stil.

Leicht zu finden ist der Club nicht, das ist normal in Berlin. Mehrere Barrieren sind zu überwinden, bis man ein weitläufiges, akribisch restauriertes Kellergewölbe erreicht, das früher die Stallungen einer Brauerei beherbergte. Daher auch der Name, der früher die Aufmachung eines Kutschengespanns bezeichnete: den Wagentyp, die Livrée der Diener, die Rasse der Pferde etwa. Wer hier am Wochenende in den späten Abendstunden anzutreffen ist, zeigt auch äußerlich, wes' Sinnes Kind er ist: Es dominieren Latex, Lack und Leder, Glitzer und

Glamour, aber auch elegante, durchaus freizügige Abendgarderobe. Man zeigt sich gern und mit Lust, man ist frivol, doch nie obszön.

Die Einrichtung des Clubs ist in Bereiche unterteilt, deren Namen Bände sprechen: das Kettenzimmer oder das Marquiszimmer etwa. Dass sich auch und vor allem die Liebhaber der strengen Observanz hier treffen, ist kein Geheimnis, sie finden ziemlich komplett jenes Equipment vor, das sie zum Ausleben ihrer Neigung gern benutzen.

Regelmäßig finden Abende statt, die eine Traditionslinie ziehen hin zu jenen Jahren, in denen Clubs wie dieser noch der Grund dafür waren, dass die Avantgarde sich in Berlin versammelte: „Pornröschen – Frivole Zeitreise ins Berlin der 20er Jahre" etwa, bei der eine verführerische Sängerin von einer Frau am Klavier begleitet wird und auch die Gäste nicht selten im Stil der Zeit gekleidet sind, mit oberarmlangen Handschuhen und Federboa, mit Fliege, Lackschuh und Pomade im Haar. Bis dann, hinterher, die Hüllen fallen und Themen wie „Jeu dangereux" oder „Stolz und Demut" die Oberhand gewinnen.

Adresse:	Equipage	**Internet:**	www.equipage-berlin.de
	Nostitzstraße 30	**Mail:**	info@equipage-berlin.de
	10965 Berlin		

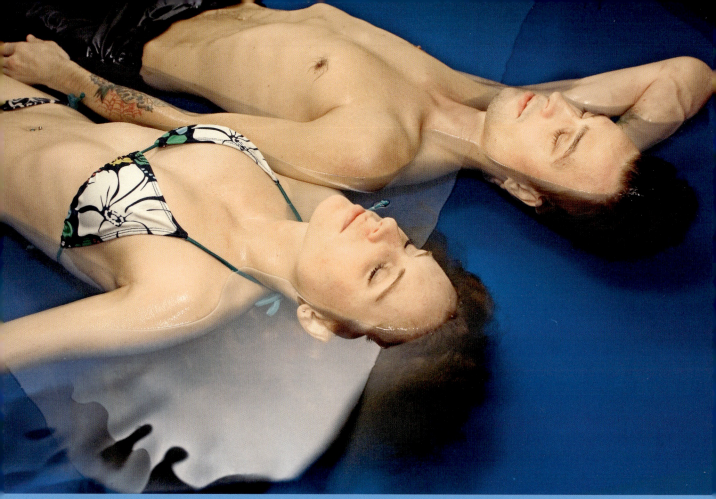

tranxx – schwebebad & massagewelt

Es gibt viele Rezepte, dem Alltag zu entfliehen, eine ganze Industrie lebt davon. Das meiste davon indes ist Blendwerk, hinterher drücken die Lasten, die man doch hinter sich zu lassen glaubte, umso schwerer. Da ist Floating schon fast ein Geheimtipp, denn sehr verbreitet ist diese Form der nachhaltigen Entspannung in Deutschland noch nicht.

Wer sie allerdings einmal ausprobiert hat, kann süchtig danach werden. Man taucht – im direkten Wortsinn – ein in ein magisches Zwischenreich, das dem Geist tiefsten Frieden beschert und im Körper zu einem enormen Ausstoß von Glückshormonen, zu Stressabbau und einer Entkrampfung von Muskulatur und Gelenken führt. Es ist ein Effekt, der noch wochenlang anhalten kann, so intensiv ist er.

Floating ist wie eine Rückkehr in den Uterus. Sanfte Entspannungsmusik tönt von irgendwo her. Eine blaue Pyramide in dem von Kerzen erleuchteten Raum ist wadenhoch mit körperwarmem Wasser gefüllt, das den Salzgehalt des Toten Meeres aufweist. Man schwebt auf dem Wasser, für den Ungeübten braucht es einige Minuten, loszulassen und sich ganz dem Gefühl des absichtslosen Fließens hinzugeben. Gedanken verschwinden in einem opaken, wabernden Nichts. Grenzenloses Wohlgefühl macht sich breit, kein Zeitgefühl existiert mehr, das Bewusstsein wird zum bloßen Sein.

Andrea Bosch hört solche Beschreibungen oft von ihren Gästen. Mit dem „tranxx" führt sie das größte, modernste und komfortabelste Schwebebad Deutschlands. So wohl fühlt man sich dort, dass man gar nicht mehr weg will. Denn nach dem

Floating sollte man sich – das gehört einfach dazu – auch eine Massage gönnen, ob nun eine Ayurvedische Ganzkörpermassage, eine Hawaiianische Lomi Lomi Nui, eine Lymphdrainage, eine Hot-Stone- oder Schröpfmassage. Hinterher fühlt man sich wie ein neuer Mensch.

Dies auch, weil Floating nicht nur eine ganz außergewöhnliche, existentielle Erfahrung ist, sondern auch der Gesundheit sehr zugute kommt. Das Immunsystem wird gestärkt, die Haut sensibilisiert und die Durchblutung gefördert. Man fühlt sich besser, frischer, fitter.

Noch intensiver ist es übrigens, Floating und anschließende Massage nicht allein, sondern gemeinsam mit einer nahe stehenden Person zu genießen. Das „Romantik Schwebebad" evoziert – durch die automatische Ausschüttung des „Kuschelhormons" Oxycotin – ein Gefühl von Nähe, das manche Paare so vielleicht bisher nicht gekannt haben.

Adresse:	tranxx – schwebebad & massagewelt Akazienstraße 27 / 28 (in den Akazienhöfen) 10823 Berlin	**Telefon:** **Internet:** **Mail:**	0 30 / 78 95 51 53 www.tranxx.de info@tranxx.de	**Öffnungszeiten:**	Di. bis So. 10 – 22 h Mo. nach Vereinbarung

Wüstefeld

Wer in Berlin „Foto" sagt, meint meistens „Wüstefeld". Seit mittlerweile 45 Jahren offeriert das Fachgeschäft in der Steglitzer Schloßstraße – gemeinsam mit seiner Dependance in der Charlottenburger Grolmanstraße, wo eher professionelle Ansprüche befriedigt werden – ein Angebot an Fotoartikeln, das seinesgleichen sucht. „Wüstefeld hat's" lautet nicht umsonst der Slogan, der längst zum geflügelten Wort geworden ist. Niemand in Berlin bietet eine größere Auswahl aller relevanten Marken und – was fast noch wichtiger ist – eine kompetentere Beratung. Die ist auch notwendig, denn besonders seit dem Umsturz in der Fotobranche, den die Umstellung von analog auf digital auslöste, ist der Markt derart unübersichtlich und schnelllebig geworden, dass außer ausgewiesenen Fachleuten keiner mehr durchblickt.

Diese Fachleute findet man – zum Glück – bei „Wüstefeld", ob es nun um eine schlichte Schnappschusskamera, eine ausgewachsene Profiausrüstung oder ein exotisches Zubehörteil geht. Jeder Kunde – so die Maxime des Firmengründers Karlheinz Wüstefeld, der auch heute noch regelmäßig hereinschaut – soll bestens bedient werden, besser als irgendwo anders. Dafür wird eine Menge getan. Auszubildende etwa werden an einer Elite-Fotoschule in Kiel unterrichtet und die Fachverkäufer ständig fortgebildet, damit sie sich jederzeit auf dem neuesten Stand der Technik befinden.

Dabei ist der Verkauf von Neuware nur ein Teil des Geschäfts. Im Rentservice werden auch hochwertige Kameras samt Equipment an Kunden verliehen, eine eigene Reparaturabteilung kümmert sich professionell um defekte Geräte, in den hauseigenen Labors werden Filme entwickelt und lichtbeständige Fotoabzüge von allen gängigen Speichermedien gefertigt, bis hin zum Großformat DIN A0. Darüber hinaus gibt es eine reiche Auswahl an gebrauchten Kameras und Zubehör (geprüft und mit Garantie selbstverständlich), denn Finanzierung, Ankauf und Inzahlungnahme gehören ebenfalls zum Service von „Wüstefeld".

Will man tiefer in die Materie eindringen, kann man an einem der zahlreichen Workshops teilnehmen, die regelmäßig zu wechselnden Themen veranstaltet werden: „Landschaftsfotografie" etwa, „Tiere vor der Kamera" oder „Herbstimpressionen". Und wer keine Zeit hat, selbst zu fotografieren, bei seiner eigenen Hochzeit zum Beispiel, kann auch dies den Profis von „Wüstefeld" überlassen. Die kümmern sich drum.

| Adresse: | Wüstefeld
Weltmarkt der Fotografie
Schloßstraße 96
12163 Berlin | Wüstefeld
Weltmarkt der Fotografie
Grolmanstraße 36
10623 Berlin | Telefon:
Telefax:
Internet: | 030 / 79 18 88 88
030 / 79 11 0 66
www.wuestefeld.com |

Shopisticated

Der stilsichere Auftritt spielt im gesellschaftlichen wie beruflichen Leben eine entscheidende Rolle. Dennoch verspüren gerade Männer in gehobenen Positionen oft wenig Lust und Interesse, sich eingehend um die Auswahl und Zusammenstellung ihrer Kleidung zu kümmern: Sie haben schlichtweg keine Zeit dazu, Shopping können sie nichts abgewinnen.

Hier hilft Kathrin Hunold. Sie bedient eine Marktlücke, die zuerst in Amerika als solche erkannt wurde und dort den Berufsstand des „Personal Shopping Beraters" hervorgebracht hat. Es ist eine überaus anspruchsvolle Tätigkeit: Einen untrüglichen Geschmack braucht man dazu, ein umfassendes Wissen über Stoffe, Schnitte und die aktuelle Mode sowie ein dicht gewebtes Netzwerk von Bezugsquellen. Gerade in einer Großstadt wie Berlin ist die Auswahl der passenden Geschäfte alles andere als einfach, man muss einfach wissen, wo man was bekommt.

Kathrin Hunold ist in diesem Metier zu Hause. Sie hat eine Schneiderlehre und ein Studium der Bekleidungstechnik absolviert sowie als Einkäuferin und Produktmanagerin gearbeitet.

Sie weiß, was jeder Herr im Kleiderschrank haben sollte – und was besser nicht. Die „No Gos" und die „Must Haves" sind ihr ebenso vertraut wie die verborgenen Dresscodes, die richtige Ärmellänge und die korrekte Kragenform zum Anzug. Vor allem aber erkennt sie sofort, was dem Herrn, den sie berät, steht. Dies sind Ratschläge, die mitunter Gold wert sind. Auch in Workshops und Firmenschulungen vermittelt Kathrin Hunold die feinen, doch für den Eingeweihten überaus bedeutsamen Regeln und Details, wie der Herr von Welt sich am besten präsentiert, getreu dem Motto: Wie man sich kleidet, so wirkt man.

Meist jedoch sind es individuelle, diskrete Beratungen, die sie übernimmt. Sie begleitet Berlin-Touristen auf ihren Shoppingtouren und führt sie zu den richtigen Geschäften, doch können ihre Kunden auch außerhalb der Ladenöffnungszeiten, zu Hause oder im Hotel bequem aus der Kollektion auswählen, die Kathrin Hunold für sie zusammengestellt hat.

Oft befindet sich manch ein Kunde in einer neuen Lebenssituation, die er zum Anlass nimmt, Kathrin Hunold zu kontaktieren: Ein Sprung auf der Karriereleiter, ein Umzug in die unbekannte Großstadt, vielleicht auch eine Scheidung. Meist steht am Beginn einer Beratung der gründliche Check Up des Kleiderschranks. Und die Frage aller Fragen: Welche Krawatte passt zu welchem Hemd? Sieht man etwa Talkshows im Fernsehen oder Bundestagsdebatten, denkt man oft: Hätte dieser oder jener der so selbstbewusst Auftretenden doch besser Kathrin Hunold gefragt...

Adresse:	Shopisticated-Personal Shopping Service	Telefon:	0171 / 6 52 03 67
	An der Fließwiese 31	Internet:	www.shopisticated.de
	14052 Berlin	Mail:	info@shopisticated.de

Squash-House

Das „Squash-House" ist weit mehr als dies. Es ist ein modernes, gut ausgestattetes Freizeitzentrum für agile, bewegungshungrige Menschen, in dem sie die verschiedensten Sportarten ausüben können: Neben Squash auch Bowling und Badminton, Billard, Wii und Tischtennis.

Angrenzend an Friedrichshain und an den Prenzlauer Berg befindet sich das Squash-House. Hier geht es so entspannt und locker zu wie kaum irgendwo sonst. Die Anlagen sind großzügig gestaltet, gut ausgestattet und in großer Zahl vorhanden. Die meisten Gäste reservieren telefonisch ihren Court oder buchen gleich für die nächsten Wochen ihre Wunschzeit vor Ort. Parkplätze gibt es reichlich.

Kernstück ist natürlich Squash. Es ist eine aufstrebende Sportart, entfernt dem Tennis verwandt, und wird in der ganzen Welt gespielt. Sein Ursprung liegt in England, wo es auch als Schulsport auf dem Stundenplan steht. Die weltweit führenden Nationen sind Ägypten, Pakistan, Australien und England. Es ist – ganz offensichtlich – ziemlich anstrengend, wenn man es mit vollem Körpereinsatz spielt, und nichts für Weicheier. Knapp zwei Millionen Deutsche nehmen regelmäßig den Schläger in die Hand und machen sich auf in eines der rund tausend Squash-Center.

Das größte in Berlin ist das „Squash-House". Es verfügt über neun Courts und existiert bereits seit 1994. Seit 2006 wird es von Jenny Schmidt und Daniel Mau geführt, Thomas Kuhnke ist seit Anfang an der „gute Geist des Hauses". Wer das Spiel ernsthaft betreiben will (und gut genug ist), kann Mitglied der Mannschaft „Squash-House 03" werden, die in der 1. Berliner Betriebssportliga spielt und dort um den Meistertitel kämpft. 2005 wurde die Mannschaft sogar Deutscher Betriebssportmeister, es war ihr bis heute größter Erfolg. Wer beim Training Pause machen will und Hunger hat, kann sich mit Kleinigkeiten wie Bockwurst und Bauernfrühstück stärken, im Sommer wird draußen gegrillt. Es gibt eine finnische Trockensauna, und auch an eher passive Sportler ist gedacht: In der „Sky-Sportsbar" werden auf einer Großbildleinwand alle Bundesligaspiele, Formel-1-Rennen und andere große Sporthighlights übertragen.

Adresse:	Squash-House	**Telefon:**	030 / 55 97 72 7	**Öffnungszeiten:**	täglich 10 – 24 h
	Vulkanstraße 3	**Internet:**	www.squash-house.de		
	10367 Berlin	**Mail:**	info@squash-house.de		

Der Bananenbauer

Wer hätte gedacht, dass ganz in der Nähe von Berlin siebzehn Bananensorten prächtig gedeihen? Weiße, rote, rosa- und orangefarbene, mit exotisch klingenden Namen wie „Musa Red" oder „Musa Zebrina"? Dazu Ananas, Palmen und Zimt?

Nein, dies ist keine Folge des gefährlichen Klimawandels, denn natürlich benutzt Joerg Niekisch zur Aufzucht seiner Pflanzen einige kleine, selbst gebaute Gewächshäuser, die er in seinem Garten stehen hat. Fast alle seine Pflanzen jedoch sind an die vergleichsweise harten deutschen Winterbedingungen erstaunlich gut angepasst, man kann sie – sind sie erstmal groß – ohne Sorge draußen stehen lassen.

Der gelernte Technische Einkäufer hatte schon immer einen „grünen Daumen", Pflanzen sind seine Leidenschaft. Alles begann mit einer Handvoll Bananensamen, die er vor Jahren geschenkt bekam. Die Keimlinge wuchsen, die Pflanzen konnte er verkaufen, von Freunden und Bekannten wurde er gefragt, ob er nicht mehr davon hätte.

Er begann sich systematisch damit zu beschäftigen. Heute wachsen bei ihm im Garten Exoten, die kaum ein anderer Züchter in Deutschland anbaut: Alte, in Vergessenheit geratene Tomatensorten, die grün-gelb oder rot-grün gestreift sind und sprechende Namen wie „Green Zebra" oder „Tigerella" tragen, gewaltige, nach Ananas schmeckende „Beefsteak-Tomaten" mit 600 Gramm pro Frucht, Bananen mit Vanillegeschmack oder Apfelgeranien, bei denen sowohl Blätter als auch Blüten essbar sind, gelbe Möhren, bunte

Radieschen und lilafarbene Kartoffeln, dazu allerlei Heil- und Würzpflanzen wie das chinesische Jiaogulan, das „Kraut der Unsterblichkeit".

Und natürlich Palmen, die über zwei Meter hoch werden können und jedes Zimmer schmücken. Alle Pflanzen, die Joerg Niekisch mit seiner Partnerin hochzieht, sind ausgesprochen dekorativ, dass viele Früchte essbar sind, ist eher ein angenehmer Nebeneffekt. Alle Pflanzen werden ausschließlich als Zierpflanzen verkauft und auch nur dann, wenn die Jahreszeit für sie gekommen ist. Hinten im Garten scharren Hühner, die – was sonst? – nur grüne Eier legen.

Inzwischen ist „Der Bananenbauer", wie er sich einprägsam nennt, längst bundesweit bekannt. Sogar aus München kommen Kunden. Trotz des großen Erfolges betreibt Joerg Niekisch den Pflanzenverkauf noch immer nebenbei. Online versendet er nicht. Wer seine Pflanzen haben möchte, muss sich schon selbst zu ihm nach Teltow bemühen. Am besten ruft man vorher an und macht einen Termin aus. Dann hat er Zeit und kann auch umfassend beraten.

Adresse:	Der Bananenbauer Iserstraße 93 14513 Teltow	Telefon:	03328 / 30 23 19	Internet:	www.bananenbauer.de
		Mobil:	0174 / 8 75 63 45	Mail:	info@onlinestress.de

MyPlace-SelfStorage

Wer kennt sie nicht, die Frage: Wohin mit all den Sachen? Irgendwann ist jede Wohnung voll, und in den Keller passt kein Kistchen mehr. Doch wer möchte schon was wegwerfen?

Oder: Ein Paar zieht zusammen, und plötzlich hat man alles doppelt. Oder: Kleider, die den Kindern nicht mehr passen. Spielsachen, die nun in der Ecke liegen. Erinnerungen hängen daran – verkaufen kommt nicht in Frage, nie im Leben!

Vieles braucht man auch nur jahreszeitlich, im Winter, im Sommer. Wohin damit? Es ist oft nur der Platz, der fehlt: der Stauraum, der Speicher, die Abstellkammer.

Die Lösung heißt MyPlace-SelfStorage. Das rasch wachsende Unternehmen besitzt inzwischen 31 Filialen in den wichtigsten Großstädten von Deutschland, Österreich und der Schweiz. Allein in Berlin sind es sechs Standorte. Dort kann man zu günstigen Bedingungen ein eigenes, abgeschlossenes und blickdichtes Abteil zwischen ein und fünfzig Quadratmetern mieten, wo die scheinbar überflüssigen Dinge des Lebens sauber, trocken und frostgeschützt lagern.

Täglich zwischen 6 und 22 Uhr ist so ein Lagerraum zugänglich. Der Zutritt zum videoüberwachten Gelände erfolgt über einen individuellen Nummerncode. Eine moderne Alarmanlage sowie ein Wachdienst sichern das Haus. Neben den vielen Privatleuten sind etwa ein Drittel der Kunden Gewerbetreibende, die die flexiblen Lagerabteile für Akten, Waren oder Messeutensilien nutzen.

Langzeitmietern werden großzügige Rabatte eingeräumt. Bereits ab einem Euro pro Tag erhält man ein Abteil. Hat man erst einmal die Vorteile eines solchen externen Lagerraums für sich entdeckt, will man nicht mehr davon lassen: Alles ist bestens untergebracht und doch nicht aus der Welt. Zu Hause ist endlich Platz zum Wohnen und Wohlfühlen.

Besonders für viele berufstätige Menschen, die öfter den Job, die Stadt und nicht selten auch das Land wechseln, ist ein solches Angebot ideal. Den kompletten Hausrat wollen und können sie oft nicht mitnehmen. Werden sie dann irgendwann sesshaft, können sie sofort mit ihrem aufbewahrten Besitz ihr neues Heim einrichten. Bis auch dieses überquillt und Platz gefragt ist, viel Platz.

Adresse:	MyPlace-SelfStorage in Reinickendorf, Charlottenburg, Friedrichshain, Wilmersdorf, Zehlendorf, Mariendorf	**Telefon:**	08 00 / 4 91 49 10 (gebührenfrei)
		Internet:	www.myplace.de
		Mail:	office@myplace.de

14 oz.
Neue Schönhauser Straße 13
10178 Berlin
Telefon: 0 30 / 28 04 05 14
Internet: www.14oz-berlin.com
Mail: store@14oz-berlin.com

Abathon Knigge & Karriere
Institut für Stil & Etikette
Lobeckstraße 36
10969 Berlin
Telefon: 0 30 / 75 54 99 49
Telefax: 0 30 / 75 54 99 48
Internet: www.abathon.de
Mail: info@fenner.de

Absinth-Depot
Weinmeisterstraße 4
10178 Berlin
Telefon: 0 30 / 2 81 67 89
Telefax: 0 30 / 28 87 90 35
Internet: www.absinth-berlin.de
Mail: info@absinth-berlin.de

Alt-Berliner Wirtshaus
Leuschnerdamm 25
10999 Berlin
Telefon: 0 30 / 6 14 77 30
Internet: www.henne-berlin.de

cantus 139
Kantstraße 139
10623 Berlin
Telefon: 0 30 / 31 10 23 61
Telefax: 0 30 / 31 10 23 63
Internet: www.cantus139.de
Mail: info@cantus139.de

Astor Film Lounge
Kurfürstendamm 225
10719 Berlin
Telefon: 0 30 / 8 83 85 51
Internet: www.astor-filmlounge.de

**Berlin mit Stil –
Individuelle Stadtführungen**
Rita Krauß
Telefon: 0 30 / 81 82 78 84
Mobil: 01 78 / 5 42 78 80
Internet: www.berlin-mit-stil.de
Mail: info@berlin-mit-stil .de

Bier's Kudamm 195
Kurfürstendamm 195
10707 Berlin
Telefon: 0 30 / 8 81 89 42
Mail: kudamm195@aol.com

Boxen Gross
Oranienplatz 5
10999 Berlin
Telefon: 0 30 / 6 24 60 55
Telefax: 0 30 / 6 24 20 68
Internet: www.boxen-gross.de
Mail: woerner@boxen-gross.de

brillant Augenoptik
Schlüterstraße 53
10629 Berlin
Telefon: 0 30 / 3 24 19 91
Telefax: 0 30 / 3 24 09 84
Internet: www.brillant-augenoptik.de
Mail: mail@brillant-augenoptik.de

brillant Mitte
Friedrichstraße 133
10117 Berlin
Telefon: 0 30 / 27 90 89 91
Telefax: 0 30 / 27 90 89 92
Internet: www.brillant-augenoptik.de
Mail: mitte@brillant-augenoptik.de

Brillenwerkstatt
Dircksenstraße 48
10178 Berlin
Internet: www.brillenwerkstatt.de
Mail: mitte@brillenwerkstatt.de

By Oliver Kuhlmey
Kantstraße 17 (im stilwerk)
10623 Berlin
Telefon: 0 30 / 31 80 88 37
Telefax: 0 30 / 31 80 88 38
Internet: www.by-ok.de
Mail: kontakt@by-ok.de

Café Berio
Maaßenstraße 7
10777 Berlin
Telefon: 0 30 / 2 16 19 46
Internet: www.cafeberio.de
Mail: info@cafeberio.de

Café Grüne Lampe
Uhlandstraße 51
10719 Berlin
Telefon: 0 30 / 88 71 93 93
Telefax: 0 30 / 88 71 93 94
Internet: www.gruene-lampe.de
Mail: mail@gruene-lampe.de

Café Lehmsofa
Dorfstraße 4
13057 Berlin-Falkenberg
Telefon: 0 30 / 93 02 28 74
Mail: cafe-lehmsofa@gmx.de

Cape Town
Schönfließer Straße 15
10439 Berlin
Telefon: 0 30 / 40 05 76 58
Telefax: 0 30 / 40 05 76 59
Internet: www.capetown-restaurant.com
Mail: africa@mr-cook.com

Carwash
Bundesallee 36/37 (im NH-Hotel)
10717 Berlin
Telefon: 0 30 / 3 13 84 18
Telefax: 0 30 / 86 39 65 16
Internet: www.carwash-berlin.de
Mail: carwash_berlin@yahoo.de

Champ MannMode
Grolmanstraße 23
10623 Berlin
Internet: www.champberlin.com
Mail: champ-berlin@arcor.de

Chili Inn
Tempelhofer Damm 207
12099 Berlin
Telefon: 0 30 / 7 52 78 02
Internet: www.chili-inn.de
Mail: info@chili-inn.de

City Küchen
Hohenzollerndamm 187
10713 Berlin
Telefon: 0 30 / 8 64 76 80
Telefax: 0 30 / 86 47 68 14
Internet: www.city-kuechen.de
Mail: info@city-kuechen.de

Classic Tattoo Berlin
Torstraße 37
10119 Berlin
Telefon: 0 30 / 44 03 44 33
Internet: www.classictattooberlin.de

Conditorei Jebens
Hohenzollerndamm 47 A
10713 Berlin
Telefon: 0 30 / 8 73 16 21
Telefon: 0 30 / 86 42 42 38
Internet: www.conditorei-jebens.de
Mail: info@conditorei-jebens.de

Corino Coxxxano
Oranienburger Straße 1 (am Hackeschen Markt)
10178 Berlin
Telefon: 0 30 / 75 45 06 88
Internet: www.coxxxano.de
Mail: corino@coxxxano.de

CORINO for men
Winterfeldtstraße 52
(am Winterfeldtplatz)
10781 Berlin
Filiale: 0 30 / 80 61 11 71
Zentrale: 0 30 / 75 45 06 86
Internet: www.corinoformen.de
Mail: info@corinoformen.de

Cut For You
Reinhardtstraße 38
10117 Berlin
Telefon: 0 30 / 28 09 99 81
Telefax: 0 30 / 28 09 99 82
Internet: www.cutforyou.com
Mail: info@cutforyou.com

Der Bananenbauer
Iserstraße 93
14513 Teltow
Telefon: 0 33 28 / 30 23 19
Mobil: 01 74 / 8 75 63 45
Internet: www.bananenbauer.de
Mail: info@onlinestress.de

Der Hofladen
Hohenzollerndamm 136
14199 Berlin
Telefon: 0 30 / 8 23 66 96
Telefax: 0 30 / 82 71 94 39
Mail: info@natuerlicheistert.de

Edsor Kronen
Skalitzer Straße 100
10997 Berlin
Telefon: 0 30 / 6 18 50 14
Telefax: 0 30 / 6 18 50 11
Internet: www.edsorkronen.com
Mail: contact@edsorkronen.com

Elias – Der Coiffeur
Brandenburgische Straße 22
10707 Berlin
Telefon: 0 30 / 88 92 20 00
Telefax: 0 30 / 88 92 20 02
Internet: www.eliaseuler.de
Mail: mail@eliaseuler.de

Enoteca L'Angolino
Knesebeckstraße 92
10623 Berlin
Telefon: 0 30 / 88 71 36 30
Telefax: 0 30 / 88 00 17 11
Mail: d.bragato@freenet.de

Entrecôte
Schützenstraße 5
10117 Berlin
Telefon: 0 30 / 20 16 54 96
Telefax: 0 30 / 20 16 54 97
Internet: www.entrecote.de
Mail: info@entrecote.de

Equipage
Nostitzstraße 30
10965 Berlin
Internet: www.equipage-berlin.de
Mail: info@equipage-berlin.de

**Exclusiv-Yachtcharter &
Schifffahrtsgesellschaft**
Holsteiner Ufer 42
10557 Berlin
Telefon: 0 30 / 43 66 68 36
Telefax: 0 30 / 43 15 55 6
Mobil: 01 72 / 3 83 97 31
Internet: www.exclusiv-yachtcharter.de
Mail: info@exclusiv-yachtcharter.de

Fasanen 37 Bar & Galerie
Fasanenstraße 37
10719 Berlin
Telefon: 0 30 / 88 92 92 03
Telefax: 0 30 / 88 92 92 04

Finest Whisky
Winterfeldtstraße 48
10781 Berlin
Telefon: 0 30 / 23 63 51 72
Internet: www.finestwhisky.de
Mail: finestwhisky@aol.com

First Club Berlin
Lietzenburger Straße 48 / 50
Eingang Joachimstalerstraße
10789 Berlin
Telefon: 0 30 / 8 82 26 86
Telefax: 0 30 / 88 68 29 93
Mobil: 01 72 / 6 78 44 68
Internet: www.firstclub-berlin.de
Mail: jostberlin@arcor.de

Fisherman's Restaurant
Eisenhammerweg 20
13507 Berlin
Telefon: 0 30 / 43 74 64 70
Telefax: 0 30 / 43 74 64 71
Internet: www.fishermans-berlin.de
Mail: info@fishermans-berlin.de

Fleischerei Bünger
Westfälische Straße 53
10711 Berlin
Telefon: 0 30 / 8 91 64 32
Internet: www.fleischerei-buenger.de
Mail: info@fleischerei-buenger.de

Florida Eiscafé
Klosterstraße 15
13581 Berlin
Florida Eiscafé
Altstädter Ring 1
13597 Berlin
Florida Eiscafé
Alt-Tegel 28
13507 Berlin
Florida Eiscafé
Alt-Tegel 8
13507 Berlin
Telefon: 0 30 / 36 75 77 00
Internet: www.floridaeis.de

Flower and Art
Müllerstraße 176
13353 Berlin
Telefon: 0 30 / 46 06 60 66
Telefax: 0 30 / 46 06 60 66
Mobil: 01 74 / 3 20 56 49
Internet: www.flowerandart.de
Mail: info@flowerandart.de

Fritz Musictours Berlin
Unter den Linden 77 (vor dem Hotel Adlon)
10117 Berlin
Telefon: 0 30 / 30 87 56 33
Telefax: 0 30 / 30 87 56 34
Internet: www.musictours-berlin.de
Mail: info@musictours-berlin.de

Gästehaus Euroflat
Alexandrinenstraße 118
10969 Berlin
Telefon: 0 30 / 60 03 15 32
Internet: www.berlin-beds.de
Mail: euroflat@t-online.de

Gasthaus „Zur Linde"
Kunersdorfer Straße 1
14552 Michendorf / OT Wildenbruch
Telefon: 0 33 205 / 6 23 79
Internet: www.linde-wildenbruch.de
Mail: service@linde-wildenbruch.de

Glanzstücke
Sophienstraße 7 / Hackesche Höfe
10178 Berlin
Telefon: 0 30 / 2 08 26 76
Internet: www.glanzstuecke-berlin.de
Mail: info@glanzstuecke-berlin.de

Glücklich am Park
Kastanienallee 54
10119 Berlin
Telefon: 0 30 / 41 72 56 51
Internet: www.kaufdichgluecklich.de
Mail: hallo@kaufdichgluecklich.de

hà duong
Gormannstraße 24
10119 Berlin
Telefon: 0 30 / 23 45 58 77
Telefax: 0 30 / 32 59 03 00
Internet: www.ha-duong.com
Mail: info@ha-duong.com

Hemdenmanufaktur Berlin
Hindenburgdamm 75 A
12203 Berlin
Telefon: 0 30 / 80 40 96 00
Telefax: 0 30 / 80 40 96 02
Mail: berlin-shirts@arcor.de

Hermanns Einkehr
Emser Straße 24
10719 Berlin
Telefon: 0 30 / 88 71 74 75
Telefax: 0 30 / 88 71 74 76
Internet: www.hermanns-berlin.de
Mail: info@hermanns-berlin.de

Hotel Alexander Plaza
Rosenstraße 1
10178 Berlin
Telefon: 0 30 / 2 40 01 - 0
Telefax: 0 30 / 2 40 01 - 777
Internet: www.hotel-alexander-plaza.de
Mail: frontoffice@hotel-alexander-plaza.de

Hotel Bogota
Schlüterstraße 45 / Ecke Kurfürstendamm
10707 Berlin
Telefon: 0 30 / 8 81 50 01
Telefax: 0 30 / 8 83 58 87
Internet: www.hotel-bogota.de
Mail: info@hotel-bogota.de

Hotel Die Fabrik
Schlesische Straße 18
10997 Berlin
Telefon: 0 30 / 6 11 82 54
Telefax: 0 30 / 6 18 29 74
Internet: www.diefabrik.com
Mail: info@diefabrik.com

Hotel Domicil
Kantstraße 111a / Ecke Wilmersdorfer Straße
10627 Berlin
Telefon: 0 30 / 32 90 30
Internet: www.hotel-domicil-berlin.de
Mail: info@hotel-domicil-berlin.de

Hotel Hackescher Markt
Große Präsidentenstraße 8
10178 Berlin
Telefon: 0 30 / 28 00 30
Telefax: 0 30 / 28 00 31 11
Internet: www.hotel-hackescher-markt.com
Mail: reservierung@hotel-hackescher-markt.com

Hotel Otto
Knesebeckstraße 10
10623 Berlin
Telefon: 0 30 / 54 71 00 - 80
Telefax: 0 30 / 54 71 00 - 888
Internet: www.hotelotto.com
Mail: info@hotelotto.com

Hotel Villa Kastania
Kastanienallee 20 / Bayernallee 1
14052 Berlin
Telefon: 0 30 / 3 00 00 20
Telefax: 0 30 / 30 00 02 10
Internet: www.villakastania.com
Mail: info@villakastania.com

Hotel-Pension Funk
Fasanenstraße 69
10719 Berlin
Telefon: 0 30 / 8 82 71 93
Telefax: 0 30 / 8 83 33 29
Internet: www.hotel-pensionfunk.de
Mail: berlin@hotel-pensionfunk.de

Jazzclub Schlot
Edisonhöfe / Chausseestraße 18
10115 Berlin
Telefon: 0 30 / 4 48 21 60
Telefax: 0 30 / 44 04 30 68
Internet: www.kunstfabrik-schlot.de
Mail: info@kunstfabrik-schlot.de

Kaffeehaus Brandauer
Kleine Präsidentenstraße / S-Bahnbogen 151
10178 Berlin
Telefon: 0 30 / 43 20 80 05
Internet: www.dasbrandauer.de
Mail: info@dasbrandauer.de

Kauf Dich glücklich
Oderberger Straße 44
10435 Berlin
Telefon: 0 30 / 48 62 32 92
Internet: www.kaufdichgluecklich.de
Mail: hallo@kaufdichgluecklich.de

King's Teagarden
Kurfürstendamm 66
10707 Berlin
Telefon: 0 30 / 8 83 70 59
Telefax: 0 30 / 3 22 31 92
Internet: www.kingsteagarden.de
Mail: info@kingsteagarden.de

Konditorei & Café Buchwald
Bartningallee 29
10557 Berlin
Telefon: 0 30 / 3 91 59 31
Telefon: 0 30 / 3 91 23 42
Internet: www.konditorei-buchwald.de

Krøhan Bress
Ackerstraße 145
10115 Berlin
Telefon: 0 30 / 30 87 48 92
Telefax: 0 30 / 30 87 48 93
Internet: www.kroehanbress.de
Mail: mail@kroehanbress.de

Kunstschule
Hufelandstraße 13
10407 Berlin
Telefon: 0 30 / 29 77 93 61
Telefax: 0 30 / 29 77 93 63
Internet: www.kunstschule.net
Mail: post@kunstschule.net

La cave de Bacchus
Westfälische Straße 33
10709 Berlin
Telefon: 0 30 / 8 92 20 23
Internet: www.weinhandlung-bacchus.de
Mail: la-cave-de-bacchus@freenet.de

Le Cochon Bourgeois
Fichtestraße 24
10967 Berlin
Telefon: 0 30 / 6 93 01 01
Telefax: 0 30 / 6 94 34 80
Internet: www.lecochon.de
Mail: b.stoeckel@gmx.de

Lichthaus Mösch
Kantstraße 17 (im stilwerk)
10623 Berlin
Telefon: 0 30 / 31 51 55 80
Telefax: 0 30 / 31 51 55 89
Internet: www.lichthausmoesch.de
Mail: info@lichthausmoesch.de

Lichtraeume
Lützowstraße 102-104
10785 Berlin
Telefon: 0 30 / 27 59 08 75
Telefax: 0 30 / 27 59 08 77
Internet: www.lichtraeume.com
Mail: kontakt@lichtraeume.com

Lux 11 Berlin-Mitte
Rosa-Luxemburg-Straße 9 – 13
10178 Berlin
Telefon: 0 30 / 93 62 800
Telefax: 0 30 / 93 62 80 80
Internet: www.lux-eleven.com
Mail: info@lux-eleven.com

Marjellchen
Mommsenstraße 9
10629 Berlin
Telefon: 0 30 / 8 83 26 76
Telefax: 0 30 / 88 72 98 90
Internet: www.marjellchen-berlin.de

Markt pur
Westfälische Straße 27
10709 Berlin
Telefon: 0 30 / 89 00 66 17
Internet: www.marktpur.de

Max Schlundt – Kultur Technik
Kantstraße 17 (im stilwerk)
10623 Berlin
Telefon: 0 30 / 31 51 53 40
Internet: www.maxschlundt.de
Mail: info@maxschlundt.de

Maxwell
Bergstraße 22
10115 Berlin
Telefon: 0 30 / 2 80 71 21
Internet: www.mxwl.de
Mail: mxwl@mxwl.de

Melarose Feng Shui Hotel
Greifswalder Straße 199
10405 Berlin
Telefon: 0 30 / 81 79 88 38
Telefax: 0 30 / 81 79 88 37
Internet: www.melarose-fengshuihotel.de
Mail: info@melarose-fengshuihotel.de

Musikhaus Rauth
Krumme Straße 51
10627 Berlin
Telefon: 0 30 / 3 12 98 82
Telefax: 0 30 / 3 13 67 43
Mail: andrerauth@aol.com

MyPlace-SelfStorage
in Reinickendorf, Charlottenburg,
Friedrichshain, Wilmersdorf, Zehlendorf,
Mariendorf
Telefon: 08 00 / 4 91 49 10 (gebührenfrei)
Internet: www.myplace.de
Mail: office@myplace.de

Niepagen & Schröder
Schlüterstraße 51
10629 Berlin
Telefon: 0 30 / 88 71 21 84
Telefax: 0 30 / 88 71 95 92
Internet: www.britishclothing.de
Mail: gb.britishclothing@t-online.de

Ono Koon
Winterfeldtstraße 51
10781 Berlin
Telefon: 0 30 / 74 00 65 66
Telefax: 0 30 / 74 00 65 68
Internet: www.onokoon.de
Mail: info@onokoon.de

Ottenthal Restaurant & Weinhandlung
Kantstraße 153
10623 Berlin
Telefon: 0 30 / 3 13 31 62
Telefax: 0 30 / 3 13 37 32
Internet: www.ottenthal.com
Mail: restaurant@ottenthal.com

Paris – Moskau
Alt-Moabit 141
10557 Berlin
Telefon: 0 30 / 3 94 20 81
Telefax: 0 30 / 3 94 26 02
Internet: www.paris-moskau.de
Mail: restaurant@paris-moskau.de

Pesto Dealer Berlin
Goethestraße 34
10625 Berlin
Telefon: 01 78 / 5 59 85 10
Internet: www.pestodealerberlin.de
Mail: info@pestodealerberlin.de

Pikilia
Spanische Allee 72
14129 Berlin
Telefon: 0 30 / 80 58 82 07
Internet: www.pikilia.de
Mail: info@pikilia.de

Plattenschneider bei Neitworx.de
Torstraße 11
10119 Berlin
Telefon: 0 30 / 50 56 11 88
Telefax: 0 30 / 50 56 11 87
Internet: www.plattenschneider.com
Mail: info@plattenschneider.com

pro macchina da caffè
Ackerstraße 173
10115 Berlin
Telefon: 0 30 / 40 50 16 50
Telefax: 0 30 / 4 04 36 12
Internet: www.pro-macchina.de
Mail: info@pro-macchina.de

Rachels Genusswelten
ehemals „Krohn – Die ganze Welt der Früchte"
Westfälische Straße 32
10709 Berlin
Telefon: 0 30 / 8 91 12 42
Telefax: 0 30 / 4 95 54 73
Mail: rachel.w@berlin.de

Reizschmiede
Nürnberger Straße 17
10789 Berlin
Telefon: 0 30 / 23 62 45 08
Internet: www.reizschmiede.de
Mail: info@reizschmiede.de

Restaurant und Café Jolesch
Muskauer Straße 1
10997 Berlin
Telefon: 0 30 / 6 12 35 81
Internet: www.jolesch.de
Mail: mail@jolesch.de

Sake Kontor
Markgrafendamm 34
10245 Berlin
Telefon: 0 30 / 21 23 76 01
Telefax: 0 30 / 21 23 76 01
Internet: www.sake-kontor.de
Mail: buero@sake-kontor.de

Samuel's Dance Hall
Caseler Straße 2 – 2 a
13088 Berlin
Telefon: 0 30 / 99 27 06 63
Telefax: 0 30 / 99 27 06 64
Internet: www.samuels-world.com
Mail: kontakt@samuels-world.com

Sanctum
Sophienstraße 5
10178 Berlin
Telefon: 0 30 / 24 04 82 44
Telefax: 0 30 / 24 04 82 45
Internet: www.sanctum-shoes.com
Mail: shop@sanctum-shoes.com

Shopisticated-Personal Shopping Service
An der Fließwiese 31
14052 Berlin
Telefon: 01 71 / 6 52 03 67
Internet: www.shopisticated.de
Mail: info@shopisticated.de

Squash-House
Vulkanstraße 3
10367 Berlin
Telefon: 0 30 / 5 59 77 27
Internet: www.squash-house.de
Mail: info@squash-house.de

Suppengrün
Inselstraße 1 a
10179 Berlin
Telefon: 0 30 / 24 78 13 90
Telefax: 0 30 / 24 78 13 90
Internet: www.suppengruen.net

The English Scent
Goethestraße 15
10625 Berlin
Telefon: 0 30 / 3 24 46 55
Telefax: 0 30 / 32 70 95 60
Internet: www.english-scent.de
Mail: info@english-scent.de

Ton Art Klassik-CD
Deitmerstraße 7 / Eingang Düppelstraße
12163 Berlin
Telefon: 0 30 / 7 91 17 36
Telefax: 0 30 / 7 91 85 95

tranxx – schwebebad & massagewelt
Akazienstraße 27 / 28 (in den Akazienhöfen)
10823 Berlin
Telefon: 0 30 / 78 95 51 53
Internet: www.tranxx.de
Mail: info@tranxx.de

Villa Borbone
Königin-Luise-Straße 87
14195 Berlin
Telefon: 0 30 / 48 81 20 81
Telefax: 0 30 / 48 81 20 83
Internet: www.villa-borbone.de
Mail: kontakt@villa-borbone.de

Vincente am Gendarmenmarkt
Jägerstraße 59
10117 Berlin
Telefon: 0 30 / 20 94 26 26
Telefax: 0 30 / 20 94 26 27

Weinhandlung Cava
Schustehrusstraße 20
10585 Berlin
Telefon: 0 30 / 3 42 03 68
Telefax: 0 30 / 34 78 70 92
Internet: www.symposio.com
Mail: cava-tziolis@symposio.com

Weinstube Reblaus
Wachsmuthstraße 19
13467 Berlin
Telefon: 0 30 / 4 04 72 59

Wirtshaus Zum Mitterhofer
Fichtestraße 33
10967 Berlin
Telefon: 0 30 / 34 71 10 08
Internet: www.wirtshaus-zum-mitterhofer.de
Mail: hannes.mitterhofer@web.de

Wüstefeld
Weltmarkt der Fotografie
Schloßstraße 96
12163 Berlin
Wüstefeld
Weltmarkt der Fotografie
Grolmanstraße 36
10623 Berlin
Telefon: 0 30 / 7 91 88 88
Telefax: 0 30 / 7 91 10 66
Internet: www.wuestefeld.com

Zeitlos
Kantstraße 17 (im stilwerk)
10623 Berlin
Telefon: 0 30 / 31 51 56 31
Telefax: 0 30 / 31 51 56 32
Mail: info@zeitlosberlin.de

©2010 Edition Snowfish, Berchtesgaden

Dieses Werk ist urheberrechtlich geschützt. Die dadurch begründeten Rechte, insbesondere die der Übersetzung, des Nachdruckes, des Vortrags, der Entnahme von Abbildungen, Texten und Karten, der Funksendung, Film und Fernsehen, der Mikroverfilmung, der Vervielfältigung manuell oder mit Hilfe elektronischer und mechanischer Systeme inklusive Fotokopieren, Bandaufzeichnungen und Datenspeicherung, bleiben, auch bei nur auszugsweiser Verwertung, vorbehalten.

Gestaltung: Oliver Fischer
Produktion: lithotronic media gmbh
Projektmanagement: Madelaine Böhle
Texte: Chester Garfield
Fotos: Nadine Zilliges,
Anja Gödicke (94-95, 108-109, 130-131), Marc Stache (84-85, 128-129)

Printed in Slovakia
ISBN 987-3-94231-01-9

Die Informationen und Daten in diesem Buch sind von den Autoren und dem Verlag sorgfältig geprüft, dennoch kann eine Garantie nicht übernommen werden. Die Haftung der Autoren und des Verlages ist ausgeschlossen.